Augenschule

Wolfgang Hätscher-Rosenbauer

Augenschule

Das praktische Übungsbuch zur Vorbeugung und Behandlung von Fehlsichtigkeit

SÜDWEST

Vorwort zur neu bearbeiteten Auflage

Die Arbeit mit den farbtherapeutischen Augenstärkungstafeln ist ein unverzichtbarer Bestandteil meiner Arbeit geworden und findet in Kursen und Einzelstunden immer wieder großen Anklang. Auch viele Kolleginnen und Kollegen wenden sie gern und mit Erfolg an. Ich bin deshalb sehr glücklich darüber, dass dieses Buch – nachdem es einige Zeit vergriffen war – wieder in verbesserter Ausstattung erhältlich ist.
Einige Veränderungen und Ergänzungen im Text dienen der besseren Verständlichkeit der Anleitungen und der Vereinfachung des Übungsablaufs. Ansonsten ist es dasselbe geblieben, als das es entstanden ist: ein im eigentlichen Sinn anschauliches Selbsthilfe- und Seherfahrungsprogramm, das zu eigenen Entdeckungen sowie einem kreativen Umgang mit der Wirkung der Farben auf und durch den Sehsinn anregen will und Augen und Seele erfreuen möchte.

Danksagung

Ich danke allen Kursteilnehmerinnen und Kursteilnehmern, die ihre Freude und Entdeckungen beim Üben mit den Farbtafeln mit mir teilten; ich danke den Kursleiterinnen und Kursleitern der Augenschule, die dieses Programm zum Teil seit vielen Jahren anwenden und denen ich viele Anregungen verdanke; ich danke den vielen Leserinnen und Lesern, die mir geschrieben haben und von ihren Erfahrungen berichteten. Ich danke dem Verlag, der das Wagnis eingeht, dieses aufwändige Buch neu herauszubringen.
Ich danke Theo Gimbel, der mich mit den Quellen seines unerschöpflichen Wissens über die Farben in Verbindung gebracht hat und ohne den dieses Buch nicht entstanden wäre. Ich danke Edith, die mir immer zur Seite stand, wenn ich sie brauchte.
Bad Vilbel, 1999

Wolfgang Hätscher-Rosenbauer

Inhalt

Den Augen Gutes tun

Das vorliegende Buch basiert auf einem einfachen Selbsthilfeprogramm zur Augenstärkung mit Hilfe farbtherapeutischer Tafeln, das ich während meiner Ausbildung zum Farbtherapeuten 1983 und 1984 entwickelte.

Mein Interesse an der Wirkung von Farben auf und durch das menschliche Sehvermögen war geweckt worden, als ich während eines mehrmonatigen Aufenthalts in Sri Lanka (Ceylon) 1980 meine Kontaktlinsen von damals – 8 Dioptrien Stärke (also hochgradige Kurzsichtigkeit) nicht mehr vertrug und lernen musste, ohne sie auszukommen. Ich lebte einige Zeit in einer kleinen Batikfabrik und merkte, wie sich meine Augen zusehends erholten, wie ich immer besser ohne Korrekturgläser zurechtkam. Es war, als würden meine Augen aufatmen vor Erleichterung, die Fremdkörper, an die ich mich so gewöhnt hatte, los zu sein.

Ich hatte einige Monate zuvor ein Buch gelesen über die ganzheitliche Augentrainingsmethode von Dr. Bates, einem New Yorker Sehforscher und Augenarzt, denn ich wollte eine weitere Verschlechterung meiner Sehfähigkeit, die ich bis dahin kontinuierlich erlebt hatte, vermeiden. Doch mit den vielen Übungen und den langen täglichen Übungszeiten kam ich nicht zurecht. Allerdings leuchtete mir ein, was Dr. Bates über das gewohnheitsmäßige Tragen von Korrekturgläsern sagte: dass diese die Augen in ihrem fehlsichtigen Zustand fixierten und sich die Sehfähigkeit nur erholen könne, wenn man sie zumindest zeitweise nicht trüge und stattdessen die Augen für entspanntes Sehen trainiere. Das war mir in Erinnerung geblieben, so dass ich begann, mich mit meinem verschwommenen Sehen ohne Gläser anzufreunden. Mir erschienen die Farben auf Sri Lanka so leuchtend klar, lebendig und schön, dass ich begann, sie zu genießen, ganz gleich, wie scharf oder unscharf ich sie sah. Ich lernte bald, dass es auch andere Arten von Sehen gibt als die, die ich gewohnt war, bei der alles immer gestochen scharf sein musste. Ich kam immer besser ohne Gläser zurecht – obwohl ich eine Ersatzbrille bei mir trug.

Die Kraft der Farben

Manchmal vergaß ich sogar, dass ich die Brille brauchte. Einmal, an einem wunderschönen Platz, sah ich für eine Weile gestochen scharf – ich konnte es kaum glauben. Etwas in mir hatte mir gezeigt, dass ich nach 20 Jahren Kurzsichtigkeit unter günstigen Bedingungen klar sehen konnte – ohne Brille oder Kontaktlinsen. Ich hatte das Gefühl, dass es die intensiven, lebendigen Farben waren, die meinen Augen die Kraft zu sehen gaben. Als ich nach der Reise zum Augenarzt ging, hatte sich meine Sehschärfe um 3 Dioptrien gebessert. Ich war glücklich.

Ich interessierte mich für Goethes Farbenlehre und lernte 1982 Theo Gimbel kennen, einen Farbenforscher und Farbtherapeuten, der in Deutschland geboren ist, seit vielen Jahren in England lebt und dort in Avening, Tetbury, die »Hygeia-Studios for Colour-Light-Art Research« leitet. Er zeigte mir eine »eye-strengthening-chart«, eine Augenstärkungstafel, die er nach einer Anregung von Rudolf Steiner, dem Begründer der Anthroposophie, gefertigt hatte.

Die Wirkung dieser Tafel beruhte auf der Anregung von Nachbildern im Auge durch das intensive Schauen auf eine farbige Fläche vor kontrastreichem Hintergrund. Die Farben waren Rot und Blau, die Formen gleichmäßige Achtecke.

Da ich große Schwierigkeiten hatte, bei dieser Tafel Nachbilder zu sehen, begann ich, mit anderen Farben, Formen und Hintergründen zu experimentieren. Ich verband das farbtherapeutische System, das Theo Gimbel entwickelte und das er für Bestrahlungen mit Licht verwendet, mit dem Prinzip der »eye-strengthening-chart«. Ich bin Theo Gimbel sehr dankbar, dass er mir die Erlaubnis hierfür gegeben hat. Da das Auge einen Teil der durch die Farbwirkung aufgenommenen Energie für sich behält und einen Teil an den Organismus abgibt, entsteht eine zweifache Wirkung: eine Wirkung für die Augen und eine Wirkung durch die Augen.

Die Stimulierung der Sehzellen

Im Unterschied zum abgestrahlten Licht, das durch farbige Glasfilter die Haut erreicht und primär auf feinstofflicher Ebene wirkt (vergleichbar mit homöopathischen Mitteln), übt die Pigmentfarbe des Papiers einen direkten Reiz auf das Gewebe des Auges – besonders auf die Netzhaut und die einzelnen Sehzellen – aus. Im Nachbild wird andererseits die feinstoffliche Qualität der Farbe wirksam und als Sinnesenergie (d.h. dem Sehsinn innewohnende Leuchtkraft) erfahrbar.

Trainingsprogramm für die Augen

Dieses erste Augentrainingsprogramm auf der Grundlage der Farbtherapie erschien seit 1984 in mehreren kleinen Auflagen unter dem Titel »Schau Dich Klar. Ein Selbsthilfeprogramm zur Harmonisierung und Stärkung der Sehkraft«.
Obgleich dieses Programm mehr den Charakter eines Bausatzes hatte (es bestand aus acht Falttafeln aus Karton mit Begleitheft; die Formen mussten selbst ausgeschnitten und aufgeklebt werden) und ursprünglich als Begleitmaterial für meine Sehschulungskurse gedacht war, erfreute es sich auch bei Nicht-Kursteilnehmern großer Beliebtheit.
Sowohl in den Kursen als auch in zahlreichen Zuschriften erhielt ich die Rückmeldung, dass es oft gar nicht als Training empfunden wurde, das farbtherapeutische Übungsprogramm zu praktizieren, sondern als Freude, als ein ästhetisches Vergnügen, das außerdem noch die Augen entspannte und belebte.
Inzwischen finden die Farbtafeln und ihre therapeutischen Möglichkeiten in vielfältigen Zusammenhängen Anwendung: in den Kursen und Praxen von Sehlehrerinnen und Sehlehrern, in Yogakursen, in betrieblichen Gesundheitsvorsorgekursen, in Sehtrainingskursen an Volkshochschulen und in Gesundheitszentren.

Positive Resonanz

Die mir schriftlich oder mündlich mitgeteilten Erlebnisse und Erfahrungen beim Üben mit den Farbtafeln waren z.B.: mehr Freude beim Sehen erleben, farbiger sehen, kontrastreicher sehen, die Augen besser spüren, Entspannung der Augen spüren, das Sehen fällt leichter, kein angestrengtes Starren mehr, der Blick wird weicher und offener, Schwankungen in der Sehfähigkeit zum Positiven werden – besonders von Fehlsichtigen – leichter bemerkt, klareres Sehen nach den Übungen, die Augen befeuchten sich und finden auch nachts leichter Entspannung, Träume werden farbiger und intensiver, klarere bildhafte Vorstellung (visuelle Erinnerungen und Imagination), Heilungsunterstützung bei Augenerkrankungen wie grauem und grünem Star oder Netzhauterkrankungen. Ich sehe und empfehle das Übungsprogramm nicht als Ersatz für eine medizinische Behandlung, sondern als eine mögliche, die Selbstheilungskräfte anregende Ergänzung.

Es wurden viele Fragen gestellt, auf die ich im Begleitheft der ersten Veröffentlichung zum Teil nicht oder nur kurz eingegangen bin: Fragen z. B. danach, wie die Nachbilder im Auge zustandekommen, wie man sich die Wirkung der Farben auf das Sehen erklären kann; wie die Erfahrungen mit den Farbtafeln in das alltägliche Sehen übertragen und integriert werden können; Fragen nach der spezifischen Wirkung einzelner Farben oder nach sinnvollen Sehübungen, die das Programm ergänzen, oder zur Entspannung der Augen, wenn die Nachbilder z. B. zunächst ausbleiben; Fragen nach der Qualität von Farben in unserer Umgebung, z. B. im Licht oder am Computerbildschirm, u. v. a.

Sinnvolle Anregungen

Alle diese Rückmeldungen und Fragen sowie zwischenzeitliche Verbesserungen an den Tafeln haben mich dazu bewogen, das »Schau-Dich-Klar«-Programm zu überarbeiten und durch einen großen Verlag einer breiten Öffentlichkeit anzubieten.
Es gibt auf dem Gebiet der Gesundheitsvorsorge für das eigene Sehen inzwischen – glücklicherweise – eine ganze Reihe von Übungsbüchern im Buchhandel, die, der Komplexität und Vielschichtigkeit des menschlichen Sehens angemessen, eine ebensolche Vielfalt und Komplexität von Übungen und Übungsprogrammen beinhalten. Ohne gründliches Studium der Anleitungen oder fachgerechte Einweisungen sind diese Programme jedoch manchmal schwer zu praktizieren.
Die Absicht dieses Buchs ist, mit wenigen, leicht erlernbaren Übungen auszukommen und zudem das Übungsmaterial gleich mitzuliefern, so dass Sie das Gelesene unmittelbar praktizieren können. Wenn Sie kein Freund/keine Freundin langer Ausführungen und Erklärungen sind, reicht es im Grund, die Übungszusammenfassung zu lesen, um gleich mit dem Üben anzufangen.
Damit Sie häufig damit üben können und lange an den farbtherapeutischen Tafeln Freude haben, wurde eine Ringheftung gewählt, die das Umblättern der Tafeln im Übungszyklus erleichtert.
Und nun, wie ein englisches Sprichwort sagt: »the proof of the pudding is to eat it« – den Pudding zu prüfen, heißt, ihn aufzuessen.
In diesem Sinn wünsche ich Ihnen viel Freude und Erfolg mit diesem Übungsprogramm.
Möge es zur dauerhaften Gesundheit Ihrer Augen, zu einem lebendigen, klaren und farbenfrohen Sehen und zur Fähigkeit, den Augen-Blick zu genießen, beitragen.

Sehen

Die menschliche Sehkraft

Kein Mensch sieht immer gleich. Je nach körperlicher, seelischer und geistiger Verfassung schwankt die Sehkraft: manchmal innerhalb von Sekunden, im Verlauf eines Tages, bei verschiedenen Tätigkeiten oder in verschiedenen Lebensphasen.

Schwankungen sind nachweisbar

In einer wissenschaftlichen Untersuchung an der Universität Münster wurde festgestellt, dass die Sehschärfe bei 88 untersuchten, gesunden Studenten im Lauf eines Tages messbar schwankte. Die Untersuchungen wurden zehnmal wiederholt. Es wurde zweifelsfrei festgestellt: Gegenüber 9 Uhr morgens hatte sich die vordere Augenpartie (der Hornhautradius) am Nachmittag stärker gekrümmt. Bei einer Brillenverordnung wäre die Glasstärke am Nachmittag im Durchschnitt um 0,25 Dioptrien stärker ausgefallen als am Vormittag. Zitat aus dem Untersuchungsbericht: »Der Augapfel allein kann es nicht gewesen sein. Vielleicht haben auch psychische Faktoren eine Rolle gespielt.« (zit. nach: Medizin heute, Nr. 2/89.) D. h., wenn Sie Ihre Augen beim Augenarzt überprüfen lassen, kann es sein, dass Sie eine mehr oder weniger starke Brille verordnet bekommen, je nachdem, zu welcher Tageszeit, in welcher Stimmung usw. Sie zur Untersuchung erscheinen. Ich erinnere mich an einen Kursteilnehmer, der wegen einer plötzlichen Verschlechterung seines Sehens innerhalb weniger Tage bei vier verschiedenen Augenärzten war: Er erhielt vier verschiedene Messergebnisse und Brillenrezepte.

Beeinflussende Faktoren

Vielleicht haben Sie bei sich selbst, bei Ihrem eigenen Sehen, solche Schwankungen festgestellt: Dass sich z. B. während eines erholsamen Urlaubs mit vielen schönen Gefühlen, Gedanken und Augenblicken die Sehkraft erholt; dass nach angenehmen, klaren Träumen in der Nacht die Augen morgens ausgeruht sind und das Sehen wacher und klarer erscheint; dass nach einer körperlich anregenden oder entspannenden Tätigkeit – z. B. Jogging in der Natur oder einem Saunagang – sich Ihr Sehen etwas mitaufgelockert oder entspannt hat.

Wie sollte das auch anders sein, wo das menschliche Sehen als ein lebendiger Vorgang, nicht abgetrennt von der gesamten Lebenstätigkeit und Lebensenergie geschieht?

Welcher Vorgang im Sehen bewirkt die Schwankung? Wie kommt es zu einer Steigerung oder – im negativen Fall – zu einer Erschöpfung bzw. einem Nachlassen der Sehkraft?

Organische und psychische Ursachen

Klären wir zunächst, was Sehkraft eigentlich ist: Was meinen wir im alltäglichen Sprachgebrauch, wenn wir von der menschlichen Sehkraft sprechen? Legen wir die Erfahrung zugrunde, dass es ganz unterschiedliche Ausdrucksempfindungen und -erfahrungen von Blicken gibt? Dass Augen vor Glück strahlen oder Betrübnis aussenden können? Dass Augen stumpf oder leer aussehen oder stechend und durchdringend sein können? Dass die Welt in unserem Sehen vor Farbigkeit und Lebendigkeit bersten kann, wenn wir guter Stimmung sind, oder dass sie grau in grau ist, wenn wir keinen Blick für ihre Schönheit haben? Handelt es sich bei der Sehkraft um seelische und geistige Energie, die nicht in den Bereich des Messbaren fällt?

Es gibt in der menschlichen Sinneswahrnehmung keine psychische oder geistige Erfahrung, die nicht auch eine körperliche, organisch-biologische Grundlage hat, die nicht auch körpergebundene Erfahrung ist. Denken z.B. ist ohne Gehirn nicht möglich.
Es muss also eine organische Grundlage für die Sehkraft geben, die in den Sehbahnen, Sehzentren im Gehirn und in den Sehzellen fließt, die die Sehfunktionen in Gang setzt und in Gang hält und die einen wahrnehmbar unterschiedlich klaren und intensiven Augen-Ausdruck und Seh-Eindruck bewirken kann.
Diese Energie muss in ausreichender Menge und Qualität in jedem Augenblick des Sehens vorhanden sein, um den Sehorganismus (Augäpfel mit allen Teilen einschließlich Netzhaut und Augenmuskulatur, Sehbahnen und Sehzentren im Gehirn, Anschlüssen an die Blutzirkulation und den Stoffwechselkreislauf) während der Sehtätigkeit optimal in Gang zu halten.
Selbst das bestens funktionierende und geformte Auge würde unter zu wenig oder qualitativ wesentlich schlechterer Sehkraft leiden, könnte nicht optimal funktionieren. Das fehlsichtig gewordene Auge würde mit ausreichender und hochwertiger Sehkraft die vorhandenen Fähigkeiten unter Umständen besser nutzen, das kranke Auge würde möglicherweise schneller heilen. Das Vorhandensein einer visuellen Energie im menschlichen Sehen wäre eine mögliche Erklärung dafür, warum die Sehfähigkeit schwanken kann: Es ist mal mehr, mal weniger Sehkraft im gesamten Sehorganismus vorhanden.
Wenn wir wüssten, wie Sehkraft entsteht und wie sie sich erschöpft, könnten wir selbst, jeder einzelne, für gute Bedingungen für unsere Sehfähigkeit sorgen.
Sie werden die Sehkraft mit Hilfe der Farbtafeln erleben können: Die ätherischen, leuchtenden Nachbilder, die reinen, klaren Nachbildfarben, die Ihre Sehzellen in Verbindung mit Ihrem Gehirn erzeugen und die Ihre Augen ausstrahlen, sind der sichtbar gewordene Ausfluss der Sinnesenergie, der menschlichen Sehkraft.

Wie entsteht die Sehkraft?

Jeder Lebensvorgang – in einer einzelnen Zelle ebenso wie im ganzen Menschen – ist auf einem Rhythmus aufgebaut. Für jede Zelle findet ein fortwährendes Sichverausgaben und Sichregenerieren statt. Wir nennen diesen Vorgang den Puls des Lebens.
Die einzelne Sehzelle, die Netzhaut als Sehzellenorgan, der ganze Augapfel in allen seinen Teilen, der gesamte Sehorganismus einschließlich aller beteiligten Muskeln, Nervenbahnen und Gehirnregionen pulsiert; deren Versorgung mit Energie geschieht im Rhythmus des Pulsschlags des Herzes und der Atmung, der ganze Mensch pulsiert in den Rhythmen seiner Lebendigkeit.
Zu sehen, d.h., uns Bilder von der Außen- oder der Innenwelt zu machen, erfordert Energie, visuelle Energie. Wie entsteht der Puls dieser visuellen Energie? Wie entsteht und erneuert sich Sehkraft?
Lassen Sie uns gemeinsam einen Ausflug in die faszinierende Mikrowelt des menschlichen Sehens unternehmen, um die Entstehung der Sehkraft bewusst zu erleben.
Wissenschaftler, die sich in diese Welt hineinbegeben, drücken ihre Begeisterung über die Schönheit und Bewegtheit der Vorgänge, die im Auge und im Gehirn beim Sehen stattfinden, so aus:
»Moleküle reagieren auf Licht so verschieden wie Menschen auf Musik. Einige empfinden gar nichts. Andere reagieren gerade noch mit leichtem Wippen eines Fußes oder Fingers. Ein paar aber erheben sich, tanzen und wirbeln von Partner zu Partner.«
(William Rushton, Universität Cambridge)

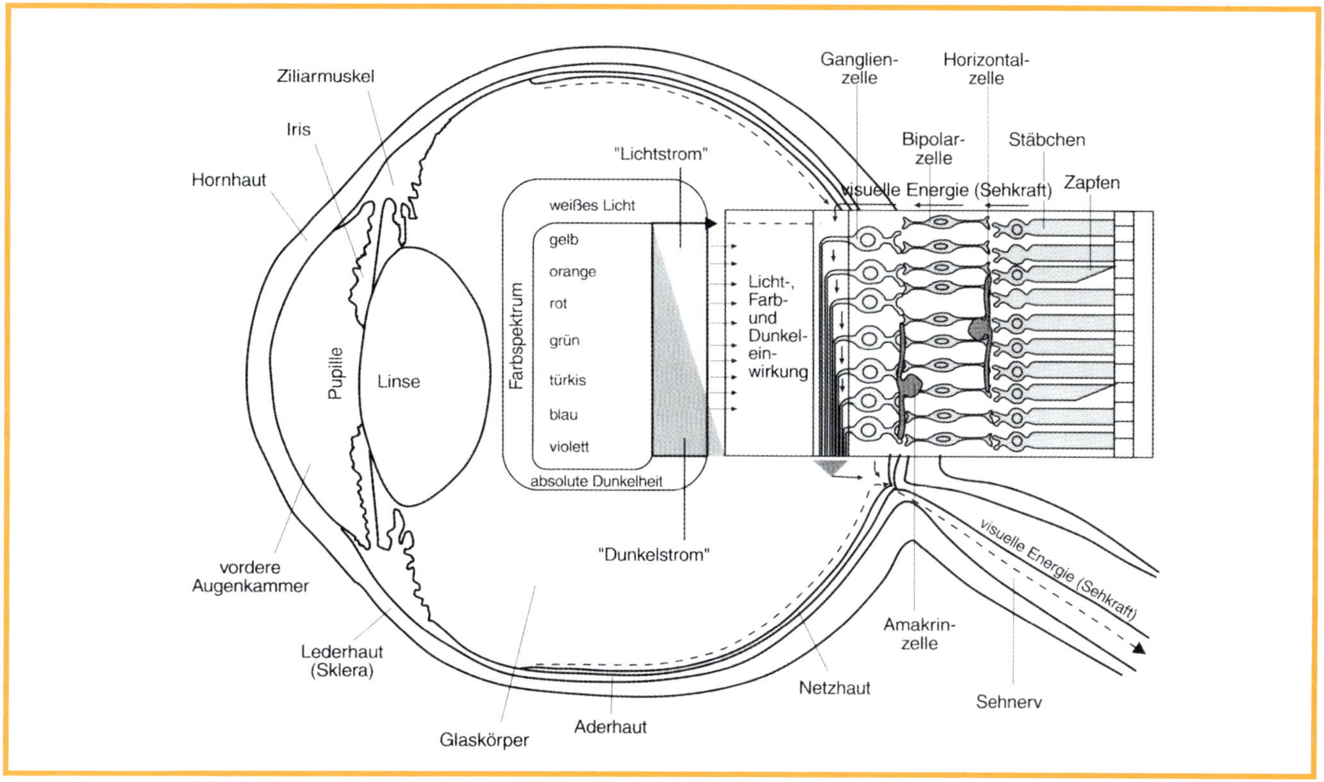

Der vergrößerte Netzhautausschnitt rechts veranschaulicht die räumlichen Verhältnisse in den drei Schichten der Retina. Er ist 0,25 Millimeter dick. Überraschenderweise muss Licht, Farbe und Dunkelheit durch die Schichten der Ganglien- und Bipolarzellen hindurchstrahlen, bevor es die Stäbchen und Zapfen erreicht.

»Die beteiligten Moleküle erheben sich, tanzen und wechseln in der Tat ihre Partner wie beim Reigen. Sie tun dies in einer bemerkenswerten Reaktionskaskade, die den Sehvorgang einleitet.«
(Lubert Stryer, Sehforscher)
Der Sehvorgang braucht eine Kraft, die ihn einleitet und aufrechterhält. Diese Kraft entsteht in den Sehzellen der beiden Netzhäute. Sie fließt von dort mit der Information, die sie enthält, zu den weiterverarbeitenden Ganglienzellen der Netzhäute und zu den visuellen Zentren des Gehirns.

In Verbindung mit der Intensität und der Qualität dieser Sinnesenergie ist das Ergebnis ein mehr oder weniger intensiver, lebendiger Seheindruck.

Die Netzhaut

Die menschliche Netzhaut kleidet den Augapfel innen aus, sie bildet die Innenseite der weißen Lederhaut. Sie wird durch die Aderhaut ernährt, die dazwischen liegt. Der vordere Teil des Augapfels, den die Hornhaut abschließt, ist durchsichtig.

Die Netzhaut enthält zwei Sehzellenarten, die nach ihrer Form Zapfen und Stäbchen genannt werden. Sowohl Zapfen als auch Stäbchen enthalten eine Substanz, den Sehfarbstoff. Dieser heißt so, weil er selbst farbig aussieht: in den Stäbchen purpurfarben, in den Zapfen je nach Zapfensorte (es gibt drei) grüngelb, grün und violett.
In der Netzhaut eines Auges befinden sich zwischen 100 und 125 Millionen Sehzellen, davon sind drei bis fünf Millionen Zapfen. Jede dieser Sehzellen funktioniert wie ein kleines Kraftwerk. Der grundlegende Vorgang der Erzeugung von visueller Sinnesenergie ist in beiden Sehzellenarten gleich:
Jede Sehzelle erhält von zwei Seiten her Energie, um daraus Sehkraft zu bilden, und leitet diese Energie in vorgesehenen Bahnen weiter.

Die beiden Eingänge

Das Außensegment der Sehzelle, das direkt zum Augenhintergrund hinzeigt, enthält den Sehfarbstoff und empfängt beim Sehvorgang Photonen (kleine Lichtenergiepakete, die sich wellenförmig von einer Lichtquelle aus fortpflanzen), die vom Netzhauthintergrund reflektiert werden. Es ist die Vorratskammer der Sehkraft.
Das Innensegment, das in Richtung auf die Pupille zeigt, empfängt körpereigene Energie für die Verstärkerleistung der hinteren Kammer der Sehzelle, die es an das Außensegment weiterleitet. Damit wird dort der Photonenimpuls so verstärkt, dass er in der Lage ist, von einer Nervenzelle empfunden zu werden. Es nimmt aus der Umgebung außerdem körpereigene Ersatzstoffe und Vitamine auf. Diese werden in der hinteren Kammer benötigt, um den Sehfarbstoff wiederherzustellen, der sich in der Arbeit des Verstärkens aufgebraucht bzw. verwandelt hat.

Die Sehzellen der menschlichen Netzhaut

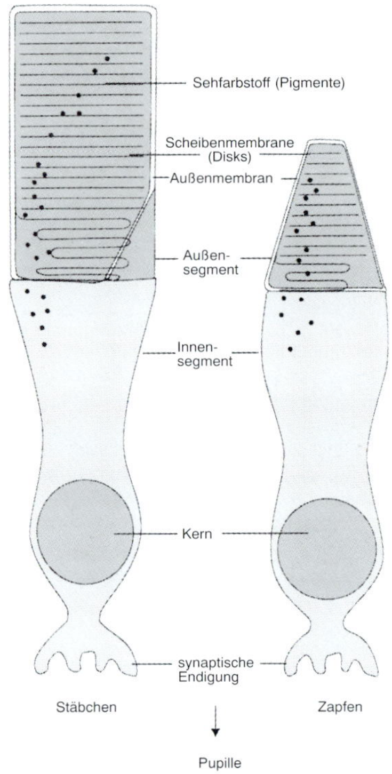

Die Sehzelle besteht aus zwei Segmenten: Das lichtsensible Außensegment enthält bis zu 2000 gestapelte Membranscheiben (Disks) und den Sehfarbstoff (Rhodopsin). Das Innensegment – der dunkelsensible Teil – enthält den Zellkern und die Organellen, die aus dem Körper Energie und Ersatzstoffe zur Regeneration des Sehfarbstoffs aufnehmen und an das Außensegment weiterleiten. Sobald ein Lichtphoton auf die Scheiben trifft, verändert es die eingelagerten Moleküle des Sehfarbstoffs. Dieser verwandelt sich in visuelle Energie und Vitamin A. Die visuelle Energie wird verstärkt, beschleunigt, zur Außenhaut geleitet und über die synaptische Endigung »abgefeuert«, d. h., zu den weiterverarbeitenden Zellen geleitet.

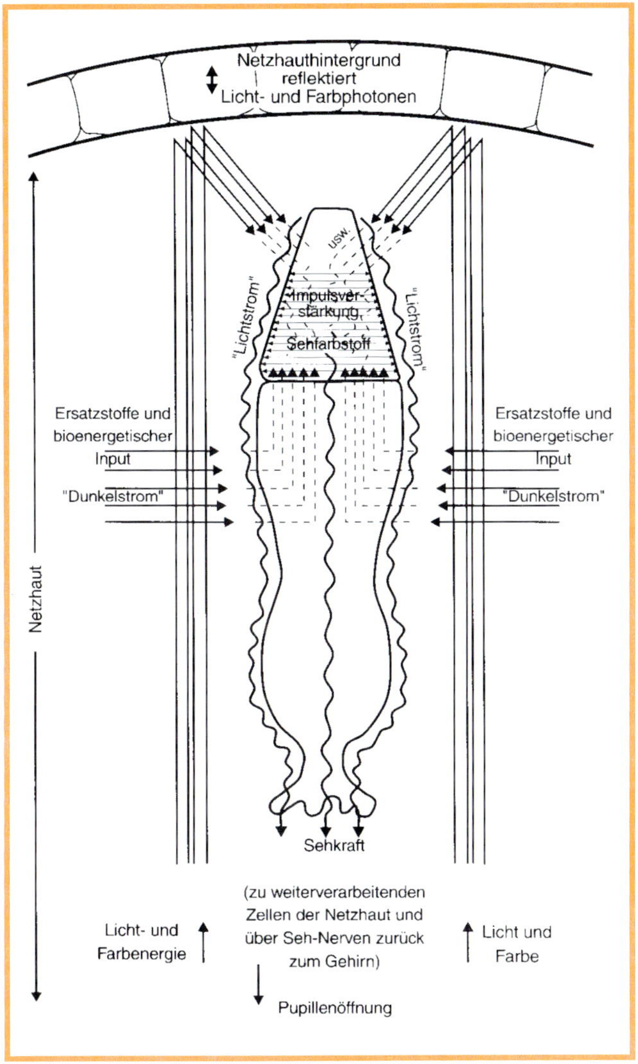

Der Ausgang

Durch die Synapse – die Endigung des Nervs – strahlt die Sehzelle nach vorne (zum Augeninneren hin) Energieimpulse ab, die von einer Nervenfaser aufgenommen und nach hinten durch den Sehnerv direkt in das Gehirn weitergeleitet werden. Dort werden sie zum einen als bilderzeugende Kraft benötigt, zum anderen wird aber auch ein bestimmter Teil dieser Energie über die Hypophyse und die Zirbeldrüse in der Schädelmitte an das zentrale Nervensystem weitergeleitet und schließlich zur Hormonbildung benutzt.
Eine Sehzelle ist ein kleines Sehkraftwerk, eine winzige Kombination von Batterie, Verstärker und Transformatorstation.
Der auslösende Impuls, der die Sehzelle zum Aussenden ihrer Sehkraft bewegt, ist das Licht. Genauer gesagt: Empfangene Lichtpartikel (Photonen) aus Licht- oder Farbwellen sind es, die die Sehkraft aktivieren. Was dann geschieht, wird von den Sehforschern Sehkaskade genannt.

Die Sehkaskade

Ein Photon oder ein Photonenstrom trifft auf das Außensegment einer Sehzelle und erregt die Disks (scheibenförmige Membranen im Außensegment der Sehzelle). Diese verstärken den Impuls, und der gespeicherte Sehfarbstoff verwandelt sich dabei in Vitamin A und bioelektrische Energie (Sehkraft). Diese wird über die Außenhaut der Sehzelle weitergeleitet, beschleunigt und über die synaptische Endigung »abgefeuert«: Die Sehkraft ist unterwegs. Durch den Vergleich der Sehkraftimpulse aus Hunderttausenden oder Millionen von Sehzellen, die im gleichen Augenblick Sehkraft aussenden, wird im Gehirn ein Gesamtbild erzeugt.
Das Verausgaben von Sehkraft geschieht also beim Transport visueller Information von der Netzhaut durch die Sehnervenbahnen in die visuellen Zentren des Gehirns und, über die Hypophyse, an das zentrale Nervensystem. Das ist ein Vorgang, der blitzartig vor sich geht.

Die Regeneration der Sehkraft

Da der Mensch mehr als ein einziges Mal sehen können soll, muss sich die Sehkaskade in den Sehzellen von Augenblick zu Augenblick wiederholen. Nach einer Aktivierungsphase, in der das Photon die Zelle veranlasst, Sehkraft abzugeben, muss eine Inaktivierungsphase die Ausgangssituation wiederherstellen. Als auslösendes Signal für die Inaktivierungsphase dient die Dunkelheit. Der startbereite Ausgangszustand einer Sehzelle ist der Dunkelzustand. In diesen Zustand kommt die Sehzelle, wenn sie Dunkelheit sieht (z. B. auch beim Lidschlag).
Im Dunkelzustand werden die im Außenglied benötigten Moleküle erneuert, um den lichtsensiblen Zustand der Zelle mit Sehfarbstoff wiederherzustellen. Damit die Sehkaskade immer wieder von neuem beginnen kann, muss nach dem Aussenden von Sehkraft der Vorgang quasi rückwärts ablaufen.

Die umgekehrte Sehkaskade

Zur gleichen Zeit, in der der abgefeuerte Sehkraftimpuls unterwegs ist, trifft ein Dunkelimpuls auf das Innensegment; dieses öffnet seine Außenmembran, um körpereigene Energie und Ersatzstoffe aufzunehmen, es leitet Steuerimpulse, Energie und Ersatzstoffe an das Außensegment weiter, Vitamin A und körpereigene Ersatzstoffe werden in energiegeladenen Sehfarbstoff zurückverwandelt. Wie dieser Vorgang genau geschieht, ist noch nicht erforscht (es forscht sich eben leichter im Licht als im Dunkeln).

Der Lichtstrom

Die Wissenschaft spricht von einem Lichtstrom, der die Sehzelle durchfließt, wenn sie Lichtenergie empfängt und verstärkt, und von einem Dunkelstrom, der die Sehzelle durchfließt, wenn sie visuelle Energie an das Gehirn weiterleitet und sich wieder mit Körperenergie und Ersatzstoffen versorgt.
Im Grund bestätigt sich damit Goethes Farbenlehre, der von einer Polarität von Licht und Dunkelheit (als Energien wie (+) und (–) für die elektrische Energie) spricht, aus deren Gegensatz die Farben entstehen. Da Farbe nur in der menschlichen Wahrnehmung sichtbar wird (ein Insekt, das von bestimmten Farben angezogen wird, hat kein Farbensehen wie der Mensch; es reagiert in seinem Organismus auf bestimmte spektrale Schwingungsfrequenzen, die es z. B. als eine Art magnetischer Anziehung erlebt), kann Farbe überhaupt nur gesehen werden, wenn durch einen Wechsel von Licht- und Dunkelsehen Sehkraft fließt.
In diesem Sinn, als menschliche Erfahrung, gehen die Farben aus der Polarität von Licht und Dunkelheit hervor. Da Goethe als scharfer Beobachter und sinnlicher Mensch – auch Augenmensch – sowohl seine poetische Inspiration als auch seine wissenschaftlichen Forschungen zur Farbenlehre aus der Fähigkeit, zu schauen, erhielt (»Man suche nur nichts hinter den Phänomenen; sie selbst sind die Lehre«), offenbarte sich ihm in seiner Farbenlehre auch das Wesen der Sinneswahrnehmung selbst. Damit war er der damaligen Wissenschaft, auch Isaac Newton, weit voraus. Newton, der die Entstehung der Farben allein aus dem Licht beweisen wollte, übersah dabei, dass etwas Dunkles im Gesichtsfeld des Betrachters vorhanden sein musste, damit dieser die Farben sehen konnte.

Die Komplexität der Reizverarbeitung

Der Vorgang der Erzeugung von Sehkraft in den Sehzellen ist wie Ebbe und Flut: eine Wellenbewegung des Weiterleitens und Sammelns visueller Energie im

Wechsel von Licht und Dunkelheit. Die stärksten Sehkraftimpulse werden bei den beiden Sehzellenarten auf unterschiedliche Weise erreicht:
Die Stäbchen, also die überwiegende Mehrheit der Sehzellen (100 bis 120 Millionen je Netzhaut), haben als Rezeptoren das absolute Höchstmaß an Lichtempfindlichkeit erreicht. Ein Stäbchen kann von einem einzigen Photon, der kleinstmöglichen Lichtmenge, erregt werden. Diese winzige Energiemenge wird im Außensegment der Stäbchenzelle noch über 100 000fach (!) verstärkt, so dass es in der Lage ist, als Nervensignal vom Sehnerv und den weiterverarbeitenden Sinneszellen wahrgenommen zu werden. Die größte Empfindlichkeit der Stäbchen ist bei äußerst geringen Lichtmengen vorhanden. Je mehr Licht auf sie fällt, desto weniger werden sie erregt.
Sie regenerieren auch bei geringen Dunkeleindrücken gut – deshalb sind sie besonders für das Dämmerungssehen und die Wahrnehmung von Minimalkontrasten geeignet.
Die drei Zapfensorten (drei bis fünf Millionen Zellen je Netzhaut, überwiegend im Zentrum) benötigen wesentlich mehr Lichtenergie, um ihre stärksten Sehkraftimpulse abzugeben.
Sie reagieren außerdem auf verschiedene Wellenlängen des Lichts besonders sensibel, und zwar auf Schwingungen, die im Sonnenlichtspektrum den Farben Rot, Grün und Blau entsprechen. Die Zellen erkennen die einzelnen Farben jedoch noch nicht. Die Wahrnehmung der Farbe entsteht erst im Gehirn aufgrund des Vergleichs der Intensität der Signale aus allen drei Zapfensorten. Durch diesen Vergleich kann eine Vielzahl von Farbnuancen unterschieden und gesehen werden.
Ob die vollständigste Regeneration der Sehkraft der Zapfen durch das Sehen von tiefem Schwarz erfolgt (das erst durch Vergleich mit relativ helleren Umgebungen oder durch tiefe Entspannung mit geschlossenen Augen entsteht), oder auch beim Sehen der jeweiligen Kontrastfarbe oder bei beidem, ist bislang noch nicht ausreichend erforscht.
Die Wahrnehmung von Licht und die Wahrnehmung von Dunkelheit gehören für unsere Sehkraft untrennbar zusammen, so wie (+)- und (–)-Pol beim elektrischen Strom.

Das harmonische Gleichgewicht der Sehkraft

Damit in jedem Augenblick genügend Sehkraft fließt, um die Sehfunktionen optimal in Schwung zu versetzen, müssen sich zwei Energiekreisläufe im Gleichgewicht befinden, die durch das Sehen von Licht (+) und Dunkel (–) ausgelöst und in Gang gehalten werden, um die Voraussetzung für optimale Sehfähigkeit zu gewährleisten:

- Ein Gleichgewicht von Licht- und Dunkeleindrücken im Sehfeld, und zwar im Bereich von minimalen Unterschieden für die Stäbchen und von maximalen Kontrasten (einschließlich Farben und Kontrastfarben) für die Zapfen.
- Ein Gleichgewicht von Körperenergiefluss und visuellem Energiefluss: Der Körper muss immer ausreichend Energie und Ersatzstoffe zur Neubildung von Sehfarbstoff aus seinem ganzheitlichen Energiekreislauf an Ort und Stelle in der Netzhaut bereitstellen.

Das Gleichgewicht zwischen Hell und Dunkel im Sehen

Zu viele und zu gleichförmige Lichtimpulse ohne entsprechenden Ausgleich durch Dunkeleindrücke erschöpfen den Vorrat an Sehfarbstoff schneller, als er reproduziert wird. Dies ist z. B. bei kontrastarmer heller Beleuchtung mit Leuchtstoffröhren, die keine klaren Schattengrenzen erzeugen, der Fall.

Zu wenige und zu wenig vielfältige Lichtimpulse machen die Sehzelle faul und träge: Sie hortet ihren Vorrat, ohne ihn hergeben und immer wieder neu produzieren zu müssen. Sie verlernt es, blitzschnell zu reagieren, und »übersieht« ankommende Lichtimpulse; sie wartet die nächste Dunkelphase ab. Die Sehzelle wird faul, schlaff und träge, wenn sie zu wenig durch Licht angeregt wird.

Für die Sehzelle scheint es keinen Unterschied zu machen, ob der Erregungsimpuls (Licht oder Dunkelheit), den sie empfängt, von der Außenwelt oder von der Innenwelt kommt. Wenn man bei Samenkörnern im Dunkeln messen kann, dass sie Photonen aussenden (die so genannte ultraschwache Lumineszenz), dann sollte der weitaus komplexere menschliche Organismus dazu auch fähig sein. Neuere Forschungen, so von Dr. Popp in Heidelberg, bestätigen die Existenz dieser von ihm so genannten Biophotonen. Das würde erklären, warum wir in der Lage sind, innere Bilder mit geschlossenen Augen zu erzeugen.

Ebenso macht es für die Sehzelle keinen Unterschied, ob der Dunkeleindruck, den sie empfängt, mit offenen Augen (beim Sehen dunkler Flächen, dunkler Farben, Schatten usw.) oder beim Schließen der Augen, also innen, wahrgenommen wird (beim Blinzeln, beim Schlafen außerhalb der Traumphasen, beim Visualisieren von Dunkelheit usw.). Wichtig für die Sehzelle ist einzig und allein der Wechsel.

Die Augen brauchen, um optimal Sehkraft zu produzieren, aus dem Hell-Dunkel-Energiekreislauf:

- Einen harmonischen Wechsel von Hell- und Dunkeleindrücken im gesamten Gesichtsfeld
- Eine Vielfalt von Minimal- und Maximalkontrasten im gesamten Gesichtsfeld, um Stäbchen und Zapfen gleichermaßen zu aktivieren
- Viel Bewegung, damit diese Wechsel immer blitzschnell über die gesamte Netzhautoberfläche wandern können
- Häufiges Blinzeln und Dunkelphasen des Nichtsehens zur Regeneration

Ein Gleichgewicht ist vorhanden, wenn jede Sehzelle in jedem Augenblickszyklus gleich intensiv die Helligkeit und Dunkelheit, die ihr gemäß ist, sieht.

Der Kreislauf zwischen Körperenergie und visueller Energie

Dieses Gleichgewicht ist bei Sehstörungen und Fehlsichtigkeit am meisten gestört: Wer sich beim Sehen anstrengt – und die meisten Fehlsichtigen und Menschen mit Sehproblemen tun das – verbraucht mehr Sehkraft. Wer verkrampft ist und wenig atmet, erzeugt wenig Körperenergiefluss zu den Augen.

Der wesentlich größere Teil der Energie, die für den Sehvorgang benötigt wird, kommt nicht von außen, sondern von innen: Er wird vom ganzen Körper bereitgestellt. Körpereigene Energie muss in jedem Augenblick so in Bewegung gesetzt werden, dass sie an Ort und Stelle in der Netzhaut vorhanden ist, wo sie zur Verstärkung der Photonenimpulse und zur Wiederherstellung des Sehfarbstoffs benötigt wird.

Was veranlasst den Körper, Energie und Ersatzstoffe in die Augen hineinzubewegen, und zwar unmittelbar im Augenblick des Sehens? Was bringen wir wiederum aus dem Körper heraus den Augen, dem Gesehenen, entgegen?

Blut – der Lebenssaft

Indem wir die natürlichen Kanäle, die Adern, nicht durch Verkrampfungen blockieren; indem wir die Augen aus dem Körper heraus in ihrer Arbeit unterstützen: den Rücken bewegen, den Nacken drehen, entspannt blinzeln. Die Blutzirkulation in Richtung

Augen erfolgt aus dem Körper durch den Nacken in das Sehzentrum des Gehirns, in die Sehnerven, in die Augenmuskeln und von da aus in die Netzhäute.
Sich im Nacken zu verspannen, bedeutet, dem Sehen auf schnellstem Weg Energie zu nehmen.
Die Verteilung von Sauerstoff durch das Blut zu den Augen hin ist auch Atemarbeit: Nur eine tiefe, entspannte Atmung beim Sehen gewährleistet optimale Energieversorgung.
Viele Menschen mit Sehproblemen atmen zu flach. Beobachten Sie sich einmal dabei, wie Sie atmen, während Sie entspannt und mit Freude sehen, und wie Sie atmen, wenn Sie sich beim Sehen anstrengen.

Interesse

Interesse (lat. inter esse = dazwischen sein) an dem, was wir sehen: Die Gedanken, Empfindungen, Gefühle in Verbindung mit dem, was wir sehen, mobilisieren den Regenerationskreislauf unserer Sehkraft gewiss ebenso.
Die Kraft der Gedanken ist nicht zu unterschätzen. Allein der Gedanke: »Meine rechte Hand wird schwer«, kann die Empfindung der rechten Hand schwer machen. Allein der Gedanke: »Ich genieße, was ich sehe«, kann die Augen beleben.

Die innere Einstellung ist entscheidend

Die Kraft der Gefühle ist enorm: Augen, die vor Freude strahlen; Augen, die vor Wut blitzen; Augen, die im Weinen Verletzlichkeit zeigen; Augen, die Hass ausdrücken; Augen, die liebevoll schauen; Augen, die Angst zeigen – Gefühle sind eine starke innere Kraftquelle. Viele Menschen haben verlernt, ihre Gefühle (oder bestimmte Gefühle) in ihren Augen zu zeigen, und sind unfähig, die gleichen Gefühle bei anderen zu sehen und im Blick aufzunehmen, ohne selbst aus dem Gleichgewicht zu geraten. Der Gefühlsausdruck zu den und in den Augen ist blockiert und damit eine wichtige innere Energiequelle für die Sehkraft.
Die Fähigkeit, die Augen und den Blick zu empfinden: Viele Menschen mit Sehproblemen haben Schwierigkeiten, ihre eigenen Augen und ihren tatsächlichen Blick (oder die Blicke von anderen) wirklich zu empfinden. Die Augen sind im Lauf der Zeit unempfindlich geworden, als ob sie gar nicht zum eigenen Körper gehören.
Augen, die als Teil der eigenen Person, als Teil des eigenen Körpers empfunden werden, teilen die Empfindungsfähigkeit des gesamten Körpers: Sie empfinden die Bewegungen, die sie beim Sehen ausführen, sie empfinden Anstrengung und Entspannung, sie empfinden die Qualität des Blickes (ob dieser weich oder gerichtet blickt, wach oder erschöpft ist, usw.), sie haben ein Gefühl, dort, wo sie hinblicken, auch mit dem Blick präsent zu sein.

Die Sehkraft beeinflussen

Von Bedeutung für das Gleichgewicht dieses Kreislaufs ist das Wort »angemessen«: Die am Sehprozess in jedem Augenblick beteiligten Gedanken, Gefühle und Empfindungen müssen an die wahrgenommene Realität angemessen werden. Diese Realitätsprüfung erfolgt dadurch, dass Gefühle, Gedanken und Empfindungen beim Sehen blitzschnell in einem Austausch hin- und herschwingen und in diesem Prozess reguliert werden.
So entsteht der berühmte erste Eindruck von einem Menschen oder einer Situation. Sie erhalten den stärksten ersten Eindruck von einem Menschen, der Ihnen im Blick begegnet, wenn dieser in diesem Moment mit seinem Blick offen und ehrlich ausstrahlt, was er augenblicklich fühlt, denkt und empfindet. Aus dem zweiten inneren Energiekreislauf brauchen

die Augen, um ihre mögliche optimale Sehkraft bereitstellen und aktivieren zu können:

- Gute Durchblutung durch einen nicht verhärteten und verkrampften, sondern weichen und entspannten Rücken und Nacken.
- Eine Ernährung, die dem Blut alle für die Sehkraft notwendigen Nährstoffe zuführt.
- Tiefe und ruhige Atmung während des Sehens.
- Angemessenes Interesse am Gesehenen.

Dieser Energiekreislauf ist im Gleichgewicht, wenn der Körper in jedem Augenblickszyklus des Sehens Energie und Ersatzstoffe in die Augen fließen lässt. Dann bleibt die Sehfähigkeit intensiv und klar (natürlich immer von der Ausgangssituation aus betrachtet) und kann sich sogar wesentlich steigern.

Auch wenn ein vorhandener organischer Defekt des Auges oder eine Fehlsichtigkeit nicht leicht zu beheben ist: Die Bedingungen für einen optimalen Fluss der Sehkraft können wiederhergestellt werden. Alle oben genannten Bedingungen für optimales Sehen können Sie wiederherstellen und erlernen – manche in Selbsthilfe, viele mit Hilfe einer Sehschulung oder Sehtherapie – und dadurch die Sehkraft wieder ins Gleichgewicht bringen. Die subjektive Seite des menschlichen Sehens – das Sehen von der Seele, vom Geist und vom ganzen Körper her, das die Augenschulmedizin so gern ausklammert – ist nach meiner Erfahrung letztendlich prägend und ausschlaggebend für die Entwicklung der gesamten Sehfähigkeit einschließlich der Gesundheit der Augen und der subjektiv erlebten Sehqualität.

Die Grundübungen

Nachdem Sie nun über die Bedeutung der Dunkelheit für die menschliche Sehkraft Bescheid wissen, möchte ich Ihnen die erste Übung vorstellen. Es ist eine Übung zur absichtlichen Einleitung und Vertiefung der Regenerationsphase der Sehkraft, die auf den Begründer der Bates-Methode zur Augenschulung, den New Yorker Wissenschaftler und Augenarzt William H. Bates (1860–1931), zurückgeht.

Abschirmen der Augen mit den Händen

Bates, der ungezählten Menschen half, ihre Sehkraft zu erhalten oder wiederherzustellen, empfahl, eine Art optisches Fasten zu praktizieren. Dieses optische Fasten nannte er Palming (engl. »palm« = die Handfläche), da dabei die geschlossenen Augen mit den Händen zusätzlich abgedeckt werden.

Dies hat den Sinn, die Augen möglichst vollständig von allen äußeren visuellen Eindrücken abzuschirmen (deshalb wird diese Übung von mir auf deutsch Abschirmen genannt). Bates sah, dass bei den meisten seiner (meist fehlsichtigen) Sehschülerinnen und -schüler die Augen in einem chronisch angestrengten Zustand waren und Entspannung benötigten. Er fand heraus, dass nur vollkommen entspannte Augen beim Nichtsehen eine absolute Dunkelheit zeigten. Alle angestrengten Augen zeigten Flimmern, Farben, Muster, Bewegungen in der Dunkelheit bzw. einen diffusen grauen Nebel. Die Augenschulmedizin spricht vom Eigengrau, das die Augen im wachen Ruhezustand produzieren, weil in der Tat dieses vollkommene Schwarz während des Tagsehens innerhalb der kurzen Zeiten, in denen wir nichts sehen, nicht wahrgenommen werden kann.

Bates, der sich vorrangig mit der Erforschung der Voraussetzungen beschäftigte, unter denen die menschliche Sehfähigkeit zu einer optimalen Entfaltung kommt, statt sich ausschließlich mit deren Deformation zu befassen (wie die meisten Augenärzte), entdeckte so ein energetisches Gesetz der Sehkraft: Der Übergang vom Eigengrauzustand zum Eigenschwarzzustand des menschlichen Sehens beim wachen Nichtsehen mit fest geschlossenen Augen spiegelt den Übergang von einem aktiven Zustand der Augen zum vollkommen passiven Ruhezustand wider.

Biofeedback

Er fand damit eine verblüffend einfache Form der biologischen Rückkopplung, des Biofeedbacks. Bei den heute z. B. in der Forschung oder im Leistungssport üblichen Biofeedbackmethoden werden mit meist kostspieligen Apparaten Körpersignale in akustische und/oder optische Signale umgewandelt und so von außen durch die Sinne wieder aufgenommen. Die Biofeedbackmethode des Abschirmens der Augen steht jedem ohne jeden technischen Aufwand jederzeit kostenlos zur Verfügung.
Mit dem Palming gab Bates seinen Schülerinnen und Schülern eine Möglichkeit an die Hand, selbst über den Grad der Anspannung und Entspannung ihres Sehens informiert zu sein und, darüber hinaus, eine Tiefenentspannung des Sehens bewusst anzuregen und zu genießen. Anschließend an eine solche Phase des Sehens und Erlebens von absolutem Schwarz sind die visuellen Eindrücke von oft überraschender Klarheit. Selbst Fehlsichtige erleben den Unterschied, sofern sie nicht sofort wieder zur Brille greifen: Die Farben erscheinen frischer und lebhafter als zuvor, das gesamte Gesichtsfeld wirkt klarer, wie die Luft nach einem Regenguss.
Von Bates wird folgende Anekdote über das Palming berichtet: Ein 70-jähriger Mann kam eines Tages in seine Praxis. Er war übersichtig, astigmatisch, weitsichtig, alles dies in höchstem Grad, und litt am grauen Star (einer Linsentrübung). Seit 40 Jahren hatte er eine Fernbrille getragen und seit 20 Jahren dazu noch eine Nahbrille. Schließlich hatte er seinen Beruf (Büroarbeit) aufgeben müssen, denn auch mit Brillen hatte er nicht mehr ausreichend sehen können. Bates empfahl ihm als Übung u. a. das Palming.
»Kann man das auch zu viel tun?« wollte der Mann wissen.
»Nein«, antwortete Bates, »das Palming ist lediglich ein Mittel zum Ausruhen der Augen, und das kann man gewiss nicht zu viel tun.«
Nach einigen Tagen kam der Mann wieder und sagte: »Doktor, es war langweilig, sehr langweilig, aber ich tat es.«
»Was war langweilig?«
»Palming! Ich tat es ununterbrochen 20 Stunden lang.«
»Aber das taten Sie doch nicht ohne Unterbrechung? Sie haben doch sicherlich zwischendurch etwas gegessen?«
»Um vier Uhr morgens fing ich an und setzte das Palming fort bis zur nächsten Mitternacht. Ich musste sehr viel Wasser trinken, gegessen habe ich nicht. Es war langweilig, aber der Mühe wert.«
Weiter wird berichtet, dass die Trübung seiner Linse bis auf wenige Spuren verschwunden war. Der Mann konnte sehen wie vor 40 Jahren. (zit. nach: Elsbeth Friedrichs: »Lernt sehen!«, Monatsschrift für besseres Sehen und Augenheilung ohne Gläser, 1. Jahrgang März 1931, Verlag Paul Schrecker in Grimma, Sachsen.)
Ich gebe diese kleine Anekdote nicht deshalb weiter, um Sie zu einem solchen Palmingmarathon zu bewegen. Es ist auch nicht so, dass das Palming immer langweilig sein muss – ganz im Gegenteil. Es ist allerdings oft so, dass ein absolutes Schwarz erst nach häufigem Abschirmen und nur im Zustand der absoluten Ruhe der Augen wahrgenommen wird – und das wird nur selten durch die Übung des Abschirmens allein erreicht.

Heilsame Ruhe

Der unglaubliche Erfolg des Mannes mit dem Palmingmarathon ist sicher die große Ausnahme. Und doch werden Sie einen deutlichen Unterschied in der Qualität Ihres Nichtsehens (der absoluten Passivität des Sehsinns) feststellen können, wenn Sie die Übung des Palmierens vor und nach dem Üben mit den Farbtafeln einige Minuten lang praktizieren. Die Schwarzempfindung selbst ist nur in Ihren Augen möglich – die Empfindung, die davon ausstrahlt, wenn Sie sich in die Schwarzwahrnehmung vertiefen, kann die einer tiefen Ruhe, einer wohltuenden Gedankenleere, eines Eintauchens in ein tiefes inneres Zentrum sein, in dem Sie geborgen sind, in dem Sie sich ohne bewusstes Zutun sammeln und aus dem Ihnen Kraft zuströmt. Dies kann eine sehr entspannende und beglückende Erfahrung sein.

Nun möchte ich Ihnen die Übung selbst vorstellen. Sie dient in diesem Augentrainingsprogramm dazu, Ihnen jederzeit ein Feedback, eine Bestandsaufnahme zu ermöglichen, in welchem angespannten oder entspannten Zustand sich Ihre Augen gerade befinden und ob sie ihren absoluten Ruhepunkt bereits erreicht haben, sowie zum Nachspüren nach einer Übungssequenz mit den Farbtafeln und zum Einleiten der Visualisierungsübungen.

Die Energie der Handflächen (die warmen, entspannten Hände eines Menschen strahlen heilsame, negativ geladene Ionen ab) unterstützt die Tiefenentspannung der Augen, indem sie ihnen als sanfte Wärme (oder Kühle) zuströmt und von ihnen aufgesaugt wird.

Übungsanleitung

Nehmen Sie im Sitzen oder im Liegen eine bequeme Haltung ein, in der Ihre Atmung nicht beengt wird, sondern frei und entspannt fließen kann. Reiben Sie nun die Handflächen kräftig aneinander, so dass sich

Ihre Hände erwärmen und mit Energie aufladen. Einige Waschbewegungen helfen, unerwünschte Anspannung aus den Händen zu beseitigen.

Legen Sie die Hände sanft über die geschlossenen Augen, so dass die aneinanderliegenden Finger sich auf der Stirn überkreuzen (siehe dazu Zeichnung oben) und die Handballen auf den Wangenknochen aufliegen. Die Handflächen bilden kleine Kuppeln über den geschlossenen Augen und schließen auch zu den Schläfen dicht ab, so dass kein Lichteinfall stattfindet. Wenn Sie sitzen, stützen Sie die Ellenbogen auf ein Kissen, einen Tisch oder auf die Knie.

Auch im Liegen kann ein dickes Kissen unter dem Ellenbogen zu einer bequemeren Haltung der Arme und Hände beitragen.

Atmen Sie einige Male tief ein und aus, und entspannen Sie sich. Erlauben Sie Ihren Augen, in die Fettpolster in ihren Höhlen einzusinken wie in ein Kissen. Ihre Augen brauchen jetzt nichts zu sehen, nichts zu erkennen, nichts festzuhalten, sich nicht zu bewegen.

Sie dürfen ganz passiv sein. Nehmen Sie wahr, was unter den geschlossenen Lidern in der Dunkelheit geschieht: Ist da Flimmern? Blitze? Nebel? Muster? Finden da Bewegungen statt? Ist das Dunkel überall gleich oder ist es an manchen Stellen tiefer?
Atmen Sie weiter entspannt ein und aus, und lassen Sie beim Ausatmen alle Gedanken, Empfindungen und Gefühle augenblicklich in die Dunkelheit hineinziehen. Nehmen Sie den Schutz der Handflächen, ihre Berührung und Wärme (oder Kühle) beim Einatmen mit nach innen, durch die geschlossenen Lider zu den Augäpfeln hin, wie eine sanfte Berührung oder Massage.
Mit jedem Atemzug schauen Sie beim Ausatmen zu, wie Flimmern, Blitze, Nebel, Muster und ähnliche Phänomene in die Dunkelheit hineinziehen, sich im Unendlichen auflösen und mit dem Einatmen die Wärme der Hände in die Augenhöhlen hineinströmt und diese allmählich füllt. Versenken Sie sich ganz in diesen Vorgang, und genießen Sie die Übung, solange Ihre Augen sie mögen.
Vielleicht hilft Ihnen die Vorstellung von einer dunklen Decke aus Samt oder Seide, in die Sie Ihre Augen einhüllen. Manchen Menschen fällt die Vorstellung von einem tiefen Dunkelblau (oder einer anderen dunklen Farbe) leichter als von einem tiefen Schwarz.
Beenden Sie die Übung, indem Sie langsam die Hände von den Augen lösen und die noch geschlossenen Augen behutsam zunächst wieder an das Raumlicht gewöhnen.
Dann recken und strecken Sie sich, als ob Sie geschlafen hätten, und blinzeln in Ihre Umgebung hinein. Spüren Sie die Empfindungen in Ihren Augen, ob diese sich etwas entspannter anfühlen, und schauen Sie sich um, ob Ihr Seheindruck etwas klarer und erfrischter wirkt.

Vom Ansehen und Schauen

»Fuji hatte durch das Fotografieren gelernt, das Leben mit anderen Augen zu sehen. Jeden Morgen, wenn er aufstand, sah er eine Welt aus Licht und Schatten, aus verschiedenen Formen und Oberflächenstrukturen – eine Welt der Schönheit und des harmonischen Gleichgewichts.«
(Dan Millman,
»Die Rückkehr des friedvollen Kriegers«)
Das Wort »Sehen« hat verschiedene Bedeutungen. Ist Ihnen schon einmal aufgefallen, für wie viele Tätigkeiten wir auf körperlicher, seelischer und geistiger Ebene das Wort »Sehen« verwenden?
Um Sie mit einer bestimmten Technik des Ansehens vertraut zu machen, die Sie für das Üben mit den Farbtafeln benötigen, möchte ich eine Unterscheidung zwischen der Tätigkeit des Ansehens und der des Schauens vorschlagen.
Der gewöhnliche Vorgang des Ansehens sammelt und registriert visuelle Informationen mehr oder weniger automatisch. Er erfasst die visuellen Eindrücke nach Hell-Dunkel-Kontrasten, Farben, Formen, Bewegungen und Gestalten im Sehraum. Er ordnet diese nach im Gedächtnis enthaltenen Erinnerungsbildern in Bekanntes und Unbekanntes und nach dem Grad der inneren Anteilnahme in Interessantes und Uninteressantes, von Augenblick zu Augenblick. Der Sehvorgang schafft Ordnung in der sichtbaren Welt, indem er das Gesehene blitzartig mit dem Gesamterleben aller Sinne in diesem Augenblick in Verbindung bringt und in ein bestehendes, erworbenes, mehr oder weniger festgefügtes Weltbild und Selbstbild einfügt. Dies ist eine ichbezogene, lebenserhaltende und lebensnotwendige Tätigkeit, mit der wir uns als getrennt von unserer Umwelt und die Gegenstände, Personen usw. um uns herum als getrennt von

uns wahrnehmen. Die Fähigkeit, so zu sehen, gibt uns erst die Möglichkeit, die Freiheit des individuellen Handelns zu entwickeln, aktiv und zielgerichtet zu entscheiden, was wir sehen wollen oder nicht sehen wollen, wo wir unseren Blick hinwenden oder abwenden, um zu agieren oder zu reagieren.
Der Vorgang des abgrenzenden Sehens ermöglicht es, uns getrennt von unserer Umwelt und unsere Umwelt als getrennt von uns wahrzunehmen. Die jeweilige Distanz erfassen wir mit unserem Blick.

Distanzen und Zwischenräume sehen

Zur Veranschaulichung achten Sie bitte beim Sehen darauf, wie Sie mit Ihrem Blick vorhandene Distanzen und Zwischenräume durchwandern, um tatsächlich die Gewissheit zu erhalten, dass diese Dinge außerhalb und getrennt von Ihnen existieren. Beobachten Sie Ihren Blick einfach eine Weile ohne die Absicht, etwas zu ändern, und achten Sie dabei mehr auf die Leer- und Zwischenräume in Ihrem umgebenden Sehraum als auf die Gegenstände. Sie können auch einzelne Gegenstände (z.B. eine Tasse) anblicken. Durchwandern und ermessen Sie dabei aktiv mit Ihren Blicken Raum und Distanz wie ein Geometer.
Wie setzen Sie sich aber einzig mit Hilfe Ihres eigenen Blicks mit dem in Verbindung, was da getrennt von Ihnen existiert?
Wie erleben, erfahren und fühlen Sie Kontakt, Berührung, Harmonie oder Disharmonie mit dem, was Sie sehen, in Ihrem Blick, durch Ihre Augen?
Die Fähigkeit, Kontakt und Verbindung herzustellen mit Hilfe und durch die eigene Sehfähigkeit, in voller Bewusstheit der vorhandenen Distanz, nenne ich die Fähigkeit zu schauen. Schauen verbindet mit dem Gesehenen, stellt fühlbar Kontakt her und kommuniziert, schafft eine lebendige Beziehung, einen Austausch, verschmilzt das Gesehene mit den Gefühlen und Gedanken der eigenen Person und dem sinnlich wahrgenommenen Ganzen im Blick.

Ein feiner Unterschied

Ansehen heißt Blicke aussenden, sichtbare Grenzen und Kanten zu registrieren – Schauen ist umhüllen und eintauchen mit dem Blick, bei Wahrung der vorhandenen Distanz. Ansehen ist einseitig, Schauen ist ein Dialog. Ansehen trennt, Schauen verbindet. Ansehen ist eine Funktion, Schauen ist ein Prozess.
Wenn Sie einen Menschen ansehen und dann einen Menschen anschauen, werden Sie merken, welchen grundlegenden Unterschied des Erlebens die beiden Sehweisen hervorbringen. Zum Anschauen gehören allerdings immer zwei, denn einen Menschen, der sich nicht anschauen lässt und der nicht zurückschaut, können Sie »nur« ansehen.
Ein »blindes« Verstehen zweier Menschen, ein Verstehen ohne Worte, ist in Wahrheit ein geschautes Verstehen: Die beiden haben sich bis auf den Grund ihrer Seele in die Augen geschaut. Das funktioniert allerdings nur so lange, wie sich keiner von beiden verändert. Für ein wachsendes Verstehen sind offene Augen und ein wacher, aufmerksamer Blick sehr wichtig und grundlegende Voraussetzungen.
Das Ansehen und das Schauen nehmen unterschiedliche Funktionen und Qualitäten der menschlichen Sehfähigkeit und des Menschen mehr oder weniger intensiv in Anspruch (und bringen sie in Wechselwirkung hervor). Die Qualität der Wahrnehmung beim Schauen ist eine andere als beim Ansehen: nicht besser oder schlechter, sondern von anderer Art.
Beim Ansehen und beim Schauen werden die am Sehvorgang beteiligten Funktionen und Qualitäten unterschiedlich benutzt bzw. hervorgebracht.

	Ansehen	Schauen
Zentraler Blick, Sehschärfe	Punktuelles Registrieren im Zentrum der Aufmerksamkeit, selektives Erfassen von einzelnen Punkten oder Zeichen	Gesammelte Aufmerksamkeit auf einen Punkt, mit dem Blick in etwas hineinversinken und damit verschmelzen (»Flow-Erlebnis«)
Peripheres Sehen, ganzes Gesichtsfeld	Starrer, weiter, eingegrenzter Blick über das ganze Sehfeld; weiter Fokus, angespannte, alles registrierende Aufmerksamkeit (»Kontrollblick«)	Nicht fokussierender, weicher Blick, nach allen Seiten offen; entspannte, alles integrierende Aufmerksamkeit
Farben sehen	Wahrnehmung der Signalwirkung oder -bedeutung von Farben, Farben werden isoliert und in klaren Abstufungen gesehen	Wahrnehmung der ästhetischen und energetischen Wirkung von Farben, Nuancen, Stimmungen; Farbverläufe werden wahrgenommen
Formen sehen	Wahrnehmung isolierter Details und vorgegebener, schematischer Gestalten	Details werden in Beziehung zum Ganzen wahrgenommen; visuelle Gestalten und Gruppierungen werden assoziativ und intuitiv erfasst
Räumliches Sehen	Objekte werden in ihrer räumlichen Ausdehnung getrennt vom Gesehenen »außen« betrachtet	Der Sehende erlebt sich mit dem Gesehenen in körperlich-räumlicher Beziehung
Bildhaftes Vorstellungsvermögen	Wird wenig angeregt und ist an der Wahrnehmung kaum oder nicht beteiligt	Wird sehr angeregt und ist an der Wahrnehmung schöpferisch beteiligt
Andere Sinne (hören, riechen, schmecken, tasten)	Werden wenig angeregt und sind an der Wahrnehmung kaum oder nicht bewusst beteiligt	Werden sehr angeregt, alle Sinneswahrnehmungen werden bewusst wahrgenommen
Denken	Wertend beteiligt	Nicht wertend beteiligt
Fühlen	Wenig beteiligt	Sehr beteiligt
Geisteshaltung	Voreingenommen durch Erinnerungen, Weltbild und Selbstbild	Unvoreingenommen, offen für den Augenblick

Was bewirken die Augenstärkungstafeln?

Die besondere Wirkung der farbtherapeutischen Augenstärkungstafeln beruht auf der Anregung der am Sehen beteiligten energetischen Vorgänge durch einander entgegengesetzte Farben, Formen und Hintergrundkontraste. Durch das intensive Betrachten einer farbigen Fläche vor kontrastreichem Hintergrund wird die Entstehung von Nachbildern (auch Kontrastbilder oder Kontrastfarben genannt) angeregt. Diese bringen eine Form der visuellen Energie zum Ausdruck.

Die Augen trainieren

Dabei wird derjenige Teil des Sehorganismus, der mit der Aufnahme und Umwandlung von spektraler Lichtenergie in Sehkraft und mit deren Weiterleitung und Speicherung zu tun hat, gestärkt. Die Fähigkeit der Sehzellen, Sehfarbstoff herzustellen und zu speichern, wird verbessert.

- Die Intensität des Sehens wird gesteigert, der Sehvorgang mit Energie versorgt.
- Die visuelle Konzentration der Aufmerksamkeit auf einen begrenzten Aspekt der Wahrnehmung – eine farbige Form – hat eine beruhigende und meditative Wirkung: Der Geist richtet sich ganz auf das Gesehene aus, und andere Gedanken und innere Bilder verschwinden.
- Der Geist sammelt sich, wird ruhig und klar. Die durch die geschaute Farbe erzeugte Energie wirkt durch die Sehbahnen auf die Hypophyse und die Zirbeldrüse und regt diese zur Bildung von Hormonen an. Über das zentrale Nervensystem erreicht die energetische Wirkung der Farbe den ganzen Menschen.
- Wer regelmäßig mit den farbtherapeutischen Tafeln übt, kann neben der Stärkung seiner Sehkraft auch seine seelische und körperliche Ausgeglichenheit, geistige Ruhe und Willenskraft steigern.

Wie kommt diese Wirkung zustande? Durch die therapeutische Auswahl und Anordnung der Farben, Formen und Hintergründe werden vielschichtige Vorgänge im Sehen angeregt.

Die Farben

Verwendet werden polychromatische Druckfarben in Kunstdruckqualität. Monochromatische Farben (das sind Farben einer einzigen Wellenlänge) würden das Auge schnell sättigen und langweilen und im Vierfarbdruck aufgerasterte Farben das Auge beim längeren Fixieren durch das Rastermuster irritieren.
Bei polychromatischen Farben wird ein lebendiger Farbeindruck dadurch erzielt, dass die Farbe aus Pigmenten hellerer und dunklerer Schattierungen eines breiteren Wellenbands besteht. Das Auge kann beim Schauen die Farbe heller oder dunkler wahrnehmen, hat also eine Wahlmöglichkeit, wie es die Farbe sehen möchte. Durch die beim entspannten Sehen unwillkürlich stattfindende Saccadentätigkeit – minimale, aber sehr schnelle Augenbewegungen, mit denen das Gesehene mit dem Blick abgetastet wird – werden die Farbnuancen erfasst; immer neue und immer andere Sehzellen erleben die feinen Unterschiede und bleiben dadurch in Aktivität.
Wären diese Unterschiede nicht vorhanden, würde sich die Saccadentätigkeit nur an den Rändern, wo ein Kontrast zum Hintergrund wahrgenommen wird, abspielen. Vom Seheindruck her würde der Rand stark farbig leuchten, während die Farbfläche in der Mitte farblos würde. Denn ohne wahrnehmbare Erre-

gungsunterschiede wird die Sehzelle träge und stellt ihre Arbeit ein.
Durch die Wahrnehmung der feinen Farb- und Helligkeitsunterschiede (des so genannten Minimalkontrasts) bleiben die Sehzellen, die durch die ganze Farbfläche erregt werden, überall aktiv, wenn auch dort mehr, wo der Kontrast stärker ist – also an den Rändern.

Die Formen

Formen in der visuellen Wahrnehmung regen das Auge ebenfalls dazu an, sich zu den Kontrastgrenzen, den Konturen, hinzubewegen und diese Grenzen mit feinen, von uns selbst in der Regel nicht wahrgenommenen Bewegungen nachzuzeichnen. Dadurch werden die Sehzellen, die sich dort in der Netzhaut befinden, wo die Form auf ihr abgebildet wird, in Erregung versetzt und bilden Sehfarbstoff. Dieser »entlädt« sich in Form von visueller Energie und übermittelt die Botschaft von der Formgrenze an das Gehirn. Es gibt spezielle Sehzellenanordnungen und -verschaltungen in der Netzhaut, die vollkommen auf das Erkennen von Formen spezialisiert sind und auch nur dann aktiv werden, wenn ganz bestimmte Formen auf der Netzhaut abgebildet werden oder diese sich in einer ganz bestimmten Lage oder Bewegung befinden.
Für die Farbtafeln werden Gefäß- und Sternformen verwendet. In einer Gefäßform wird der Blick, der sich von innen aus der Farbe heraus zur Grenze hin bewegt, von der Grenze immer wieder nach innen geführt. Er wird dazu angeregt, sich zu zentrieren, zu sammeln, eine ruhige Mitte zu finden. Dies kommt Menschen zugute, deren Blick oft sprunghaft, hektisch und unruhig ist.
In einer Sternform wird der Blick dazu angeregt, sich aus der Mitte heraus zu den Spitzen hin zu bewegen und diesen Weg immer wieder aufs Neue zu nehmen, solange er in der Farbe ist. Das regt einen müden und erschöpften Blick an, sich wieder mehr zu öffnen, wieder aktiver zu werden.
Diese Tätigkeit geschieht ganz von selbst, ohne bewusstes Zutun. Sie können sie jedoch wahrnehmen, wenn Sie Ihren Blick beim entspannten Sehen aufmerksam beobachten.

Der Hintergrund

Weiß als Hintergrund einer Farbtafel (bzw. ganz allgemein ein heller Hintergrund) regt die Sehzellen in der Peripherie der Netzhaut dazu an, ihren gespeicherten Sehfarbstoff in visuelle Energie umzuwandeln. Das Weiß beginnt dann, besonders um die Form herum, zu leuchten.
Schwarz als Hintergrund regt die peripheren Sehzellen dazu an, ihre energiebildende Tätigkeit einzustellen und aus dem Organismus wieder die Stoffe und Energien für die ununterbrochene Neubildung von Sehfarbstoff zu sammeln. Das Einstellen jeglicher Aktivität wird in einem sich vertiefenden Dunkeleindruck, besonders im unmittelbaren Umfeld der Form, sichtbar.
Grau als Hintergrund erzeugt ein Gleichgewicht zwischen sich regenerierenden und sich entladenden Sehzellen.

Das Polaritätsprinzip – Bewegung zwischen Gegenpolen

Der Übungszyklus mit den Farbtafeln basiert auf dem Polaritätsprinzip, dem fundamentalen Prinzip der menschlichen Sehtätigkeit. Erst im Wechsel, in der Bewegung zwischen Hell und Dunkel (der ersten Polarität), bildet sich Sehfarbstoff, ohne den das Sehen nicht möglich wäre.

Die Polarität von Farben und Kontrastfarben

Im Übungszyklus wechseln gewählte Übungsfarbe und Kontrastfarbe (die zweite Polarität) mehrmals einander ab. Die Übungsfarbe regt das Auge an, visuelle Energie zu erzeugen, die als Kontrastfarbe (oder farbloses Leuchten) auf der Leerfläche gesehen werden kann.

Die Kontrastfarbe ist der unmittelbar im Farbzentrum des Gehirns gebildete Seheindruck der visuellen Energie, die das Auge in Verbindung mit der Energie der Übungsfarbe erzeugt. Sie gleicht zwar dem Sinneseindruck einer außen gesehenen Lichtfarbe, wird jedoch vollkommen und ausschließlich im Innern des Sehorganismus gebildet. Kontrastfarben sind äußerst zarte, zerbrechliche Gebilde, die der Sehorganismus selbst hervorbringt. Ihr lebhafter Eindruck ist immer wieder steigerungsfähig. Sie sind willentlich, d. h. mit Absicht und Vorsatz allein, nicht zu erzeugen. Kontrastfarben gehören zu den reinsten Farben, die es gibt.

Ein Farbton, der der Kontrastfarbe nahekommt, dient dann als nächste Blickvorlage im Übungszyklus, so dass in etwa die Übungsfarbe als Nachbildfarbe angeregt wird, usw.

Farbe und Kontrastfarbe nicht nacheinander, sondern gleichzeitig gesehen, ergäben wieder Grau, also einen inaktiven statischen Gleichgewichtszustand der Sehkraft. Die Bildung der Kontrastfarben im Auge selbst erfüllt also ein zweites Gesetz der Sehkraft, demgemäß das Auge nach einer Erregung durch eine bestimmte Farbschwingung die Kontrastfarbe erzeugen muss, wenn es in einen dynamischen Gleichgewichtszustand zurückkehren will. Und das muss es, um wieder aufs Neue von Licht erregt werden zu können oder um in der Dunkelheit überhaupt Nachschub aus dem Körper zur Regeneration der Sehkraft beschaffen zu können.

Die Bildung der Kontrastfarbe ist ein Biofeedbacksignal dafür, dass ein lebendiger Erzeugungs- und Steigerungsvorgang der Sehkraft im Augenblick des Sehens stattfindet.

Die Polarität von Gefäßformen und Sternformen

Im Übungsablauf wechseln außer Farben und Kontrastfarben auch Gefäß- und Sternformen (die dritte Polarität) einander ab. Die Gefäßform enthält jeweils die Sternform. Die beiden Formen fügen sich genau ineinander, würde man sie übereinanderlegen. Der Blick wird durch den Wechsel zwischen Gefäß- und Sternform dazu angeregt, sich abwechselnd zu sammeln und zu öffnen.

Die Polarität von Hintergrund und Leerfläche

Durch den Wechsel des Hintergrunds (die vierte Polarität im Übungsaufbau) werden die Sehzellen in der Peripherie, im Umfeld der Stelle des schärfsten Sehens, dazu angeregt, abwechselnd visuelle Energie loszulassen (im Blickkontakt mit Weiß als Hintergrund) oder Sehfarbstoff zu regenerieren (im Blickkontakt mit Schwarz als Hintergrund) oder in einem mittleren Gleichgewichtszustand zwischen Ladung und Entladung zu sein (im Blickkontakt mit Grau als Hintergrund).

Der Effekt – Steigerung der Sehkraft, Belebung der Sehfähigkeit

In der Gesamtwirkung wird durch den mehrfachen, rhythmischen Wechsel von Farbe, Form und Hintergrund eine Schaukelbewegung zwischen den sehkraftbildenden Polen der Sehtätigkeit erreicht: Die

Sehkraft kommt in Schwung, sie schaukelt sich ein und schaukelt sich hoch. Der sichtbare Effekt hinsichtlich der Farbe ist die Steigerung in den Farbintensitäten: die Fähigkeit, die Farben und ihre Nachbilder intensiver, klarer und leuchtender zu sehen.

Die Farbpolarität unterstützt also den Zyklus der Neubildung von Sehfarbstoff und dessen Umwandlung in visuelle Energie. Da die beim Schauen auf die Leerfläche als Kontrastfarbe sichtbar werdende visuelle Energie, die beim Schauen in Kontakt mit der Übungsfarbe gebildet wird, nicht zur Weiterverarbeitung von visueller Information benötigt wird (zum Analysieren, Benennen, Erinnern, Beurteilen usw.), sondern auf der optisch-ästhetischen Ebene der Farbwahrnehmung zirkuliert, steigert sich dabei ihre Intensität und Kraft. Die zirkulierende visuelle Energie dehnt die Sehzellenmembranen, so dass diese mehr Sehkraft festhalten können. Sie strömt, fließt und pulsiert in den Sehbahnen und Sehzellen verschiedener am Sehen beteiligter Gehirnregionen: zunächst durch das Farben- und Formensehzentrum, dann durch das Bewegungssehzentrum und das räumliche Sehzentrum, dann in die Zentren der visuellen Phantasie und der bildhaften Erinnerung; sie erreicht dann, wenn die Kanäle des Schauens offen bleiben, die Verbindung zu den anderen Körpersinnen – dem kinesthetischen Sinn, aber auch Hören, Riechen, Schmecken –, dann die Verbindung zu den körperenergetischen Kreisläufen einschließlich der Denkvorgänge und Gefühlsprozesse. Damit wird durch die Polarität von Farbe und Kontrastfarbe erlebbar, dass Sehen ein ganzheitlicher Vorgang ist.

Die Saccadentätigkeit aktivieren

Die Steigerung der Saccadentätigkeit, mit der der Blick dort, wo die zentrale Aufmerksamkeit ist, das Gesehene abtastet, wird indirekt ebenfalls geübt: dadurch, dass der Blick beim Schauen immer dahin geht, wo die Farbe am lebhaftesten, schönsten, klarsten in der Farbfläche erscheint. Die Saccadentätigkeit ist die fünfte Polarität des Sehvorgangs. Sie bewirkt den beständigen Wechsel zwischen Ruhe und Bewegung des Blicks. Sie ist an der Fähigkeit, scharf und deutlich zu sehen, wesentlich beteiligt: Ähnlich, wie ein Fernsehbild aus Zeilen aufgebaut wird, entsteht ein scharfes Bild im menschlichen Gehirn. Wir sehen immer nur an einer einzigen Stelle im Gesichtsfeld wirklich scharf. Der gesamte Rest ist vergleichsweise unschärfer.

Das zentrale Sehen

Diese Stelle kann stecknadelkopfgroß sein (dann sehen wir gestochen scharf), kann aber bei angestrengtem, starrem Blick einen wesentlich größeren Teil des Gesichtsfelds einnehmen (dann sehen wir eher flächenhaft scharf). Dieser Punkt oder diese Fläche wird zentrales Sehen genannt. Das zentrale Sehen findet dort in der Netzhaut statt, wo idealerweise die Augenlinse ihren Brennpunkt hat, also den Seheindruck bündelt. Diese Stelle wird Sehgrube oder gelber Fleck genannt. Das zentrale Sehen wird von unserer zentralen Aufmerksamkeit geführt. Diese sollte beim Sehen dort sein, wohin wir den Blick richten. Vielleicht wird Ihnen dieser Vorgang durch einen Vergleich deutlicher:

Wenn das gesamte Gesichtsfeld eine Bühne darstellt, die durchschnittlich ausgeleuchtet ist, dann ist das zentrale Sehen der Spot, der etwas sichtbar heraushebt. Dieser Spot im menschlichen Sehen wird durch die Saccadenbewegungen (Feineinstellungsbewegungen der äußeren Augenmuskulatur in Verbindung mit Feineinstellungsbewegungen der Augenlinse) geführt. Beim entspannten, aufmerksamen Sehen finden dabei etwa 80 messbare Muskelbewegungen pro

Sekunde statt. Je angestrengter das Sehen wird, umso weniger sind es. Ein Sehen mit lebendiger Saccadentätigkeit ermüdet nicht so schnell und ist schärfer.

Die Arbeitsteilung

Während für das zentrale Sehen und für das Farbensehen die Zapfensehzellen zuständig sind, die in der Sehgrube konzentriert sind (dort gibt es nur Zapfen und keine Stäbchen) und an den Rändern der Netzhaut dünner gesät inmitten vieler Stäbchen auftreten, sind die Stäbchenzellen für niedrige Lichtintensitäten, also das Dämmerungssehen und das Erfassen minimaler Lichtunterschiede (Kontraste), zuständig. Sie werden bei weitaus geringerer Lichtenergie als die Zapfen aktiv, sind aber in weitaus größerer Anzahl vorhanden. Zapfen und Stäbchen haben eine Arbeitsteilung entwickelt, sind also immer zusammen aktiv. Wie, das ist noch nicht genau erforscht.

Möglicherweise bezieht sich ihre Arbeitsteilung auch darauf, dass die Stäbchenzellen ihre Energie für das Sehen mit den Zapfenzellen, also für das Tagessehen, bereitstellen. Die Information für das Farbsehen und das Scharfsehen käme dann zwar durch die Zapfen, die Energie für die Intensität, den Kontrastreichtum, den Eindruck der Klarheit im Sehen aber auch von den Stäbchen. Die Stäbchen wären dann so etwas wie »Sonnenkollektoren« für das Tagessehen.

Vielleicht kann die Wissenschaft diesen Vorgang eines Tages erklären, wenn sie den menschlichen Sehvorgang mehr ganzheitlich und energetisch begreift und weniger mechanisch. Beim ausschließlichen Scharfsehenwollen oder -müssen (z.B. beim aufmerksamen Lesen über längere Zeit) werden die peripheren Sehzellen, die überwiegend im weiten Umfeld um die Sehgrube verteilt sind, nicht oder zu wenig aktiviert. Die zentralen Sehzellen werden belastet und ausgequetscht wie Zitronen, während die peripheren Sehzellen schlafen. Durch die wechselnden Hintergründe der einzelnen Farbtafeln und die begleitenden Blickfelderweiterungsübungen dieses Selbsthilfeprogramms werden auch immer die peripheren Sehzellen gezielt aktiviert und liefern auf diese Weise zusätzliche Energie für das Farben- und Formensehen.

Durch die Verwendung polychromatischer Farben, wechselnder Hintergrundkontraste und klarer Gegensatzformen in Verbindung mit einer weichen, entspannten Art zu sehen wird also auch eine Bewegung der Sehkraft zwischen Zentrum und Peripherie der Netzhaut und eine Anregung der Saccadentätigkeit bewirkt. Da sich die Sehzellen in der Netzhaut ein wenig vor und zurück bewegen können und die einzelnen Farben je nach Wellenlänge vom entspannten Auge etwas vor oder hinter der Netzhaut gebündelt werden, wird ein Tanz der Sehzellen mit Licht und Farbe in der Netzhaut angeregt. Dieser Tanz überträgt sich auf die gesamte Netzhaut und auf das ganze Auge, er fördert die Durchblutung der Netzhaut und der Sklera (der weißen Lederhaut des Augapfels) und damit die Gesundung oder Gesunderhaltung der Augen. Man muss also gar nicht so viel machen beim Üben. Der Trainingseffekt – um einen solchen handelt es sich beim regelmäßigen Üben – stellt sich im Gegenteil am besten ein, wenn man entspannt ist, die Farben und Formen machen lässt und das Ganze genießt.

Die Übung des Schauens

Genau genommen ist es keine bestimmte Technik, die zum Schauen führt, sondern eine innere Einstellung, eine Haltung. Dennoch gibt es eine Übungsweise, die den Weg dahin erleichtert.

Diese Übung verbindet das Sehen mit dem Atemfluss und der Körperwahrnehmung.

Sie ist mit ein wenig Zeit und Geduld einfach zu erlernen. Lesen Sie die Anleitung, und schlagen Sie anschließend eine beliebige Farbtafel aus dem Übungsteil auf (oder wählen Sie bereits Ihre aktuelle Übungsfarbe dafür aus; siehe Kapitel »Der Übungszyklus des Farbenbadens«, Seite 33). Nachdem Sie sich körperlich aufgelockert und auch Ihre Augen durch die Klopfmassage auf den Knochen der Augenhöhlen ringsum »aufgeweckt« haben, üben Sie nach der folgenden Anleitung. Um besser zu lernen, wird die Atemtechnik etwas übertrieben.

Übungsanleitung

Setzen Sie sich bequem und aufrecht hin, und blicken Sie auf die Farbtafel. Führen Sie Ihren Blick in die Farbfläche hinein und lassen ihn darin eintauchen wie in ein Gefäß. Er kann sich in der Farbe bewegen, mit Bewegungen, die spontan und von selbst erfolgen; halten Sie den Blick weich, wach und entspannt. Atmen Sie nun tief ein und, entspannt in die Farbe blickend, aus. Atmen Sie aus, als ob sich an Ihren Fußsohlen rechts und links ein Ventil befände und jemand ganz und vollständig die Luft aus Ihnen heraus ließe. Spüren Sie, wie alle Luft aus Ihnen entweicht und Sie vollständig zusammenschrumpfen.
Wenn Sie hörbar und fühlbar durch Mund und/oder Nase einatmen, so wie ein auftauchender Taucher nach Luft schnappt, weiten Sie dabei die Augen – übertreiben Sie anfangs ruhig – und stellen sich vor, zusammen mit der Atemluft die schönste und leuchtendste Farbe aus der Form in die Augen und durch die Augen in sich hineinfließen zu lassen.
Nachdem sie in Ihrer Vorstellung, Ihrem Denken und Ihrem Fühlen bis zu den Fußsohlen geflossen ist, stellen Sie sich vor, dass die Energie der Farbe in Ihrem Körper genau dort gespeichert wird, wo sie gebraucht wird und wo sie Ihnen gut tut.
Üben Sie diese Technik mehrere Atemzüge lang hintereinander, und versuchen Sie, sanft zu beginnen und jedesmal die Intensität etwas zu steigern: das Weiten des Brustkorbs, der Bauchdecke und der Augen beim Einatmen, das Eintauchen mit dem Blick in die energetisierende Farbe beim Ausatmen.
Registrieren Sie, während Sie den Zyklus ausführen, alle Ihre verschiedenen körperlichen Empfindungen, Gedanken, Assoziationen und Gefühle – angenehme wie unangenehme –, und bleiben Sie in ständigem Kontakt damit. Tauchen Sie mit ihnen jeweils beim Ausatmen in die Farbe hinein, versenken Sie sie in der Farbe, und atmen Sie wieder die jeweils schönsten und klarsten Nuancen der Farbe und ihres eventuell andersfarbigen Umleuchtens ein.
Nehmen Sie mit der Farbe alle Empfindungen, Gedanken und Gefühle in sich auf, die die Farbe Ihnen gibt, und füllen Sie Ihren Körper damit. Spüren Sie, wie die Farbe in Ihrem Körper »arbeitet«. Anschließend schirmen Sie die Augen mit den Händen ab (siehe Zeichnung auf Seite 22), und ruhen Sie eine Weile aus – mindestens ebenso lange, wie Sie zum Üben gebraucht haben.

Nützliche Hinweise

Je mehr Energie Sie darauf verwenden, zu Beginn eine Zeit lang und später gelegentlich zur Erinnerung diese Technik zu üben, umso mehr Freude erhalten Sie an dem gesamten Programm. Insbesondere, wenn Sie beim Üben mit den Farbtafeln keine oder keine lebendigen, farbigen Nachbilder erhalten, empfehle ich Ihnen, mit der Atemtechnik zu üben. Im Übungszyklus selbst brauchen Sie diese Technik nicht mehr bewusst in allen Einzelheiten auszuführen: Die Farben werden Ihnen helfen, unmittelbar vom Sehen zum Schauen überzugehen. Ihr Atem wird weich werden und ganz von selbst mit der Farbe fließen.

Der Übungszyklus des Farbenbadens

Der farbtherapeutische Übungszyklus des Farbenbadens ist der Kern des gesamten Übungsprogramms. Ich empfehle Ihnen zunächst diesen Übungszyklus zu erlernen und einige Male zu praktizieren, bevor Sie im Programm weitergehen.
Ein vollständiger Übungszyklus mit den farbtherapeutischen Tafeln dauert etwa 20 bis 30 Minuten und besteht aus folgenden Teilen:

- Wahl der Übungsfarbe und Einstimmung auf die Farbe
- Farbenbaden mit dem Farbtafelset der gewählten Übungsfarbe (fünf Tafeln und zugehörige Leerfläche)
- Abschirmen und inneres Schauen

Auswahl der Übungsfarbe

Für die Auswahl Ihrer Übungsfarbe schlage ich ein rein subjektives Kriterium vor: Ihre Eingebung im Augenblick. Vermutlich haben Sie, wie jeder Mensch, im Lauf Ihres Lebens Vorlieben für und Abneigungen gegen eine bestimmte Farbe oder mehrere Farben entwickelt. Vielleicht ist Ihre Lieblingsfarbe im Farbspektrum der Übungstafeln gar nicht vertreten. Möglicherweise ist Ihr Farbgeschmack von der jeweiligen Mode beeinflusst, oder Sie verbinden bestimmte, lange zurückreichende angenehme oder unangenehme Erinnerungen mit einer Farbe.
Wie dem auch sei: Lösen Sie sich komplett davon. Blicken Sie auf die Farben und Formen, als würden Sie sie völlig unvoreingenommen zum ersten Mal anschauen.

Wählen Sie Ihre aktuelle Übungsfarbe anhand der Übersichtstafel auf Seite 81 gemäß folgender Vorgehensweise:
1. Nehmen Sie Ihre Übungshaltung ein: Setzen Sie sich dazu entweder bequem im Schneidersitz auf den Boden, das Buch vor sich hingelegt; oder auf einem Stuhl sitzend, das Buch vor sich auf einem Tisch liegend; oder das Buch auf einem Stehpult in der Schrägstellung, während Sie davor stehen.
Die Beleuchtung sollte so gewählt sein, dass das Licht nicht blendend über die Schulter auf die Tafel fällt. Am günstigsten ist Sonnenlicht durch ein offenes Fenster bzw. im Freien.
2. Lassen Sie Ihren Blick über die Farben und Formen der beiden Auswahltafeln schweifen. Nehmen Sie Farben und Formen als solche im Überblick wahr. Welche Farbe und/oder Form tritt optisch hervor, während Sie sich darauf einstimmen, was Ihren Augen und Ihrer Sehfähigkeit jetzt im Augenblick gut tut oder fehlt?
Manchmal macht sich eine Farbe durch folgende Effekte bemerkbar:

- Stärkeres Aufleuchten als die anderen Farben
- Den Blick häufiger oder stärker anziehend als die anderen Farben
- Neugierig machend
- Eine stärkere Empfindung auslösend als die anderen Farben

Wählen Sie die Farbe aus, die Ihnen während des Anschauens am klarsten entgegenleuchtet, Ihr Interesse weckt, Sie anlacht. Denken Sie nicht lange nach, treffen Sie eine spontane Entscheidung. Es ist nicht so wichtig, mit welcher Farbe Sie beginnen. Mit der Zeit, wenn Ihren Augen die Farben und Formen vertraut sind, werden Sie genau wissen, welche Farbe gerade »dran« ist.

Optimale Voraussetzungen zum Üben mit den Farbtafeln

1. Körperlich lockern: recken, strecken, herzhaft gähnen
2. Nacken lockern: Nackenmuskeln kneten, Schultern kreisen
3. Gesicht lockern: Grimassen schneiden
4. Augen »aufwecken«: sanft mit den Fingerkuppen auf den Knochen rings um die Augen herum trommeln
5. Sonnenlicht nicht von links oder rechts über die Schulter blendend (beschattet) auf die Tafeln fallend, im Freien oder bei offenem Fenster; ersatzweise Lampenlicht, möglichst Vollspektrumlicht (Bezugsquelle siehe Seite 76)
6. Übungshaltung: Kopf und Rücken entspannt aufrecht (Buch schräg stellen bzw. in den Händen halten)
7. Entspannt atmen
8. Guter Bodenkontakt (Füße entspannt, eventuell ohne Schuhe üben)
9. Liegemöglichkeit für das anschließende Abschirmen und Imaginieren, eventuell Entspannungsmusik vorbereiten
10. Störungen (z. B. Telefon) ausschließen
11. Genügend Zeit freimachen, um die Sequenz im eigenen Rhythmus durchführen und genießen zu können
12. Fehlsichtige üben ohne Gläser

Einstimmung auf die Farbe

Sie öffnen sich und Ihre Sehzellen leichter für die Energie Ihrer Übungsfarbe, wenn Sie zunächst Ihren normalen Sehvorgang zufrieden stellen und »sättigen«, der die Farbe und die Form ausmessen, erkennen (d. h. erinnern), benennen und als Objekt im Raum einordnen möchte. Also geben Sie ihm, was er will. Doch tun Sie es ganz bewusst, verlangsamt und mit geschlossenen Augen. Gleichzeitig bereiten Sie damit Ihre Sehzellen darauf vor, sensibel für die von außen in das Auge kommende Farbenergie zu werden. Dazu nehmen Sie Ihre Fingerkuppen oder Ihre Handteller zu Hilfe, die sehr sensible Tast- und Fühlorgane für äußere Berührungen und Energien sind. Ihre Fingerkuppen bzw. Handteller lehren Ihre Augen, tast- und fühlempfindsam für Farbschwingungen zu werden, die sehr hochfrequent sind, indem sie selbst feinfühlige Informationen von Oberflächenstrukturen und -grenzen aufnehmen und dann weitergeben.

Schlagen Sie, wenn Sie den folgenden Anleitungstext gelesen haben, im Übungsteil die erste Tafel Ihres Übungsfarbensets auf (gewählte Übungsfarbe, Gefäßform, weißer Hintergrund), und führen Sie diesen Teil der Übungssequenz aus.

Schließen Sie, wenn Sie die Tafel vor sich haben, zunächst die Augen, während Sie mit den Fingern über die Seite tasten. Ihr inneres Auge erhält dadurch schon wichtige Informationen:

Wie weit befindet sich das Buch von Ihnen weg? Umfahren Sie mit den Fingerkuppen den Rand: Wie scharf ist der Rand? Wie spitz sind die Ecken? Wie fühlt sich die Oberfläche an?

Können Sie die aufgedruckten Farbflächen spüren? Fühlen Sie sie glatter oder rauer als ihr Umfeld?

Blinde Menschen fühlen manchmal die von einer Farbe ausgehende Energie: Führen Sie Ihre Fingerkuppen oder Handteller in einiger Entfernung (einige Millimeter oder Zentimeter) über die Farben/Formen hinweg. Halten Sie Ihre Finger und Handteller ganz entspannt, als wären sie Sensoren für Empfindungsschwankungen im Bereich Wärme/Kälte, magnetisch

anziehend/magnetisch abstoßend, und lassen Sie sich überraschen.
Öffnen Sie dann wieder Ihre Augen.
Lassen Sie Ihren Blick den Fingerkuppen folgen, während Sie weiter Farbe, Form und Umfeld ertasten und nachzeichnen. Heften Sie den Blick an die Stelle, an der ein tastender Finger das Papier berührt.
Führen Sie nach einer Weile mit dem Blick die Tätigkeit des Fingers fort: Die Hände ruhen, der Blick zeichnet die Formengrenzen, die Flächen und den Hintergrund nach.
Führen Sie nun die Bewegungen ausschließlich mit dem Blick aus. Ihr Blick führt genau die Tätigkeit der Fingerkuppe fort. Sehen und registrieren Sie möglichst viele Einzelheiten: Körnungen im Papier, kleine Licht- und Schattenreflexe, Glanz, Fusseln, Staubkörnchen etc.

Farbenbaden

Führen Sie nun Ihren Blick direkt in die Farbfläche hinein. Die Form muss nicht gestochen scharf zu sehen sein. Sie kann ruhig etwas verschwommen aussehen. Fehlsichtige setzen die Brille ab bzw. nehmen die Kontaktlinsen heraus. Optimal ist der Zustand, wenn die Farbfläche an der Grenze zwischen scharf und unscharf gesehen wird. Probieren Sie aus, die Buchseite mit der Farbfläche vor- und zurückzubewegen oder mit dem Kopf näherzurücken und zurückzuweichen.
Bleiben Sie in einem von der Körperhaltung her bequemen Abstand zur Farbfläche.
Lassen Sie Ihren Blick in der Farbfläche ruhen. »Heften« Sie ihn mitten in die Farbe hinein. Rücken Sie die Farbfläche so vor Ihr Gesicht, dass Ihre Nasenspitze mitten hineinzeigt. Atmen Sie ruhig und entspannt weiter.
Blinzeln Sie weich und häufiger als gewöhnlich, während Sie mit dem Blick in Farbe und Form eintauchen. Vergessen Sie den Lidschlag nicht, und versuchen Sie nicht, ihn zu verzögern, denn mit jedem weichen Lidschlag tragen Sie einen dünnen Feuchtigkeitsfilm auf den vorderen, durchsichtigen Teil Ihrer Augäpfel (die so genannte Hornhaut) auf. Diese Feuchtigkeit zieht in die Hornhaut ein, tränkt sie, macht sie elastisch und ernährt sie.
Während Sie mit den Blicken beider Augen in die Farbfläche eintauchen (d.h., sie nicht nur anblicken, sondern wirklich hineintauchen wie in einen Brunnen), dabei weich und oft blinzeln, beim Einatmen den Blick leicht weiten und beim Ausatmen bewusst entspannen, achten Sie beiläufig darauf, was mit Ihrem Sehen geschieht. Wichtiger als die bloße Technik des Übens – die Ihnen bald von selbst geläufig sein wird – ist das, was Sie in Verbindung mit der Farbe erleben. Das Zusammentreffen und Verschmelzen äußerer und innerer Eindrücke beim Schauen erzeugt sichtbare (und empfindbare, fühlbare) Phänomene in Ihrem Sehen. Diese auftretenden Phänomene zeigen Ihnen, dass in Ihrem Sehen eine Belebung stattfindet.
Die auf Seite 36 aufgeführten Phänomene sind möglich. Nehmen Sie beiläufig zur Kenntnis, was geschieht und wie es geschieht, und schauen Sie zu, was sich verändert.
Bleiben Sie mit Ihren Gedanken und Gefühlen dabei, und lassen Sie sie mit in die Farbe eintauchen. Nehmen Sie diejenige Qualität der Farbe durch die Augen in sich auf, die Ihnen am klarsten, am schönsten, am ansprechendsten und am interessantesten entgegenkommt.
Nach einer Weile, wenn sich Ihr Blick an der Farbe satt gesehen hat, lösen Sie ihn langsam aus der Farbfläche.

Phänomene beim Schauen in die Farbfläche

Keine Veränderung der Farbe
Der Blick springt unkontrolliert, lässt sich nicht von Ihnen führen oder nicht ruhig halten. Die Augen fühlen sich weiterhin starr und unbeweglich an. Sie haben nicht das Gefühl, Ihren Blick bewegen und koordinieren zu können. Er bleibt starr oder sprunghaft, ohne sich wirklich zu entspannen und zur Ruhe zu kommen.

Hilfestellung
Akzeptieren Sie es einfach. Lassen Sie Ihren Blick vollkommen passiv in die Farbtafel einsinken wie in ein weiches Bett aus Farbe. Vielleicht ist er nur zu erschöpft. Gönnen Sie ihm ein erholsames, beruhigendes Bad in der Farbe. Oder folgen Sie ihm gelassen. Erlauben Sie ihm, durch das Bild zu springen. Lassen Sie ihn aus der Farbe herausspringen, sogar aus dem Buch heraus. Vielleicht ist er es leid, zu irgendetwas gezwungen zu werden. Ihr Blick braucht ab und an größtmögliche Freiheit, sich überallhin zu bewegen, um ein möglichst großes Gesichtsfeld erfassen zu können (um dann wieder daraus eine bestimmte Auswahl zu treffen und etwas Bestimmtes zu fixieren).
Vielleicht haben Sie ihm diese Freiheit größtmöglicher Beweglichkeit in letzter Zeit zu selten oder viel zu kurz gegeben. Lassen Sie ihn also eine Weile umherhüpfen, von der Farbfläche (und Ihrer Absicht, ihn darin zu zentrieren) fliehen. Helfen Sie ihm, indem Sie ihn im Raum umherführen, und zwar überall dahin, wo er sich hinbewegen möchte. Dann beginnt er von selbst irgendwann, die Farbe am interessantesten von allen anderen möglichen, augenblicklichen Eindrücken zu empfinden, und lässt sich gern auf die Farbe ein.

Sehphänomene

- In die Farbe kommt nun Bewegung. Sie erscheint nicht mehr überall gleich intensiv. Sie wirkt an den Rändern etwas dunkler oder dichter pigmentiert; sie verliert in der Mitte an Intensität oder erscheint dort manchmal blass und farblos.
- Der Rand beginnt zu leuchten; es ist, als ob ein Leuchten hinter der Form hervorscheint; diesem Leuchten scheint eine bestimmte Intensität und Qualität innezuwohnen; möglicherweise springt dieses Leuchten um die Form herum, oder es ist nur an bestimmten Seiten der Form wahrzunehmen; es erscheint farblos hell, in der gleichen Farbe nuanciert oder in einer anderen, grellen, neonlichtartigen Farbgebung (der Kontrastfarbe).
- Die Farbfläche erscheint vor oder hinter dem weißen, grauen oder schwarzen Umfeld (»Passepartouteffekt«).
- In der Farbfläche erscheinen verschiedene Muster, Flocken, Nebel, Blitze; die Oberfläche scheint sich zu bewegen.
- Die Farbfläche wird im Rhythmus Ihres Atmens, Ihres Herzschlags oder auch völlig unabhängig davon größer oder kleiner. Sie scheint regelrecht zu pulsieren. Das Pulsieren der Farbfläche kann auch in einzelnen Teilen der Form oder als leichte Drehbewegung wahrgenommen werden.
- Die Form verändert sich, dehnt sich aus, verkleinert sich – manchmal löst sie sich in ihrer Ursprungsgestalt auf.

Merkmale der Sättigung Ihrer Sehzellen

- Das Erreichen des Höhepunkts in der Steigerung der Farbintensität, der Lebendigkeit des Seheindrucks von den Farberscheinungen und/oder der Intensität der Leuchterscheinung im Umfeld der Farbfläche (»hinter der Farbe hervor«)
- Ein stärker werdendes Brennen, das auch durch häufigeres Blinzeln nicht abklingt
- Eine einsetzende und zunehmende Trübung der Farbe in der gesamten Fläche

Sollten Sie anfangs keines dieser Sättigungssignale von Ihren Augen empfangen, orientieren Sie sich an einem Zyklus von 20 Atemzügen für diese Übungsphase.

Senden Ihre Augen bereits sehr viel früher Signale der Sättigung, des Unwohlseins oder des Schmerzes aus, die Sie nicht im weichen Schauen im Kontakt mit der Farbe und mit Seufzen auflösen können, beenden Sie diesen Teil der Übung entsprechend früher.

Blick entspannen und nachspüren auf der leeren Fläche

Unmittelbar anschließend an das Farbenbad legen Sie Ihren Blick auf die gegenüberliegende Leerfläche (die beim ersten Durchgang schwarz, dann weiß, dann grau ist) wie auf ein Kissen oder eine Decke.

Lassen Sie Ihre Blicke und Ihre Augen dort weich ausruhen und die Farbeindrücke passiv verdauen. Erleben Sie die Phänomene der Entladung visueller Energie nach außen hin (diese erscheinen auf/in der Leerfläche als sichtbare Leuchterscheinung) und innen in den Körper hinein (diese machen sich als Prickeln, Fließen, Pulsieren u. Ä. in den Augen, im Kopf und im Körper bemerkbar).

Lassen Sie Ihren Blick so lange weich in der Leerfläche ausruhen und entspannen, bis nur noch ein gleichmäßiges Weiß, Grau oder Schwarz zu sehen ist. Wenn nichts geschieht, lassen Sie sich nicht entmutigen. Ihre Augen sind noch zu angespannt, zu starr oder zu erschöpft, um wirklich entspannen und loslassen zu können.

Erlauben Sie in diesem Fall Ihren Augen, auf der Fläche nichts sehen zu müssen und sich mit ihrem Blick einfach auf der Leerfläche auszuruhen, etwa ebenso lange, wie sie vorher aktiv die Farbe angeschaut haben. Die Erregung der Sehzellen, die zur Entladung der Sehkraft im Nachbild führt, ist möglicherweise erst schwach vorhanden, oder die Entladung ist vollständig einwärts gerichtet.

Anschließend an diese wichtige Entspannungsphase auf der Leerfläche blättern Sie im Übungsteil eine Seite weiter.

Merkmale des Nachbilds auf der Leerfläche

- Das Weiß, Grau oder Schwarz erscheint nicht überall gleichmäßig weiß, grau oder schwarz, sondern an manchen Stellen heller, dunkler, flockig, flimmernd.
- Ein farbloses helles oder ein zartes farbiges Gebilde wird in oder auf der Leerfläche sichtbar. Dieses Gebilde kann anfangs exakt die Form der geschauten Farbfläche zeigen, beim weiteren Zuschauen dann seine Form verlieren und sich nach einer kurzen oder längeren Zeitspanne ganz auflösen; es kann kommen und gehen; es kann sich auf oder in der Leerfläche bewegen; die Bewegung kann willkürlich beeinflusst werden oder scheint nicht beeinflussbar zu sein.

Es schließt sich ein zweites Farbenbaden in der Gegenform und -farbe an, daran anschließend eine weitere Entspannungsphase auf der gegenüberliegenden Leerfläche. Dann blättern Sie wieder um und üben in der gleichen Weise weiter, bis das Ende des Übungszyklus erreicht ist.
Dies ist dann der Fall, wenn beim erneuten Umblättern eine andere, neue Farbe und damit ein neuer Zyklus erscheint.
Sie haben dann dreimal mit der gewählten Anfangsfarbe und -form und zweimal mit der komplementären Farbe und Form geübt, mit jeweils dazwischenliegenden Entspannungsphasen auf den gegenüberliegenden Leerflächen.

Abschirmen und abschließendes Nach-innen- und Nach-außen-Schauen

Schirmen Sie Ihre Augen anschließend mit den Händen ab, um zu sehen, wie tief der Dunkeleindruck geworden ist und ob Ihre Sehzellen immer noch Lichtblitze, Farben, Muster, Grießeln u. Ä. abfeuern. Gönnen Sie in diesem Fall Ihren Augen noch eine Weile des Nichtsehens und Ausruhens in der sanften Dunkelheit unter Ihren Handtellern. Wenn Sie möchten, führen Sie eine der Imaginationsübungen (siehe dazu Seite 46ff.) aus.
Anschließend schauen Sie sich um und stellen die Veränderungen in Ihrem Sehen und in Ihrer Sehkraft fest. Genießen Sie die Farben und Formen um sich herum.

Nun kennen Sie den vollständigen Übungszyklus zur Steigerung Ihrer Sehkraft und können also mit Ihrem ganz persönlichen Übungsprogramm für zu Hause beginnen.

Die Übungsschritte im Überblick

1. Bequeme Übungshaltung wählen
2. Auswahl der Übungsfarbe
3. Vertrautwerden mit Farbe und Form
4. Energetisieren des Blicks an/in der Farbe (»Farbenbaden«)
5. Entspannen der Augen und des Blicks auf/in der gegenüberliegenden Leerfläche
6. Umblättern und in der gleichen Weise weiterüben
7. Farbenbaden mit der Kontrastfarbe und -form
8. Entspannen auf der Leerfläche
9. Umblättern
10. Zweiter Durchgang mit der Übungsfarbe
11. Entspannen auf der Leerfläche
12. Umblättern
13. Zweiter Durchgang mit der Kontrastfarbe und -form
14. Entspannen auf der Leerfläche
15. Umblättern
16. Dritter Durchgang mit der Übungsfarbe
17. Entspannen auf der Leerfläche
18. Abschirmen der Augen mit den Händen und nachspüren

Die 10-Tage-Augen-stärkungskur

Die Sehkraft und die Sehfähigkeit grundlegender zu regenerieren, als es durch gelegentliches Üben mit den Farbtafeln möglich ist, ist das Ziel dieser Kur. Vom Aufwand her ist es mit einer Fasten- oder Diätkur vergleichbar.

In einem Zeitraum von zehn Tagen kann sich die aufbauende Wirkung der farbtherapeutischen Tafeln entfalten, die ergänzenden Sehübungen, Licht-, Farb-, Entschlackungs- und Ernährungshinweise können wirksam werden und Wirkung zeigen.

Sie werden am Ende des Programms eine Verbesserung Ihrer Sehkraft, Ihres Sehgefühls und der Befindlichkeit Ihrer Augen feststellen können.

Ihre Augen können sich entspannter, weicher und beweglicher anfühlen. Sie können farbiger und kontrastreicher, vielleicht auch klarer sehen. Ihr Dämmerungssehen kann sich verbessern. Fehlsichtige können darüber hinaus mehr Sicherheit beim Sehen ohne Brille erreichen und das Gefühl, nicht immer und überall auf eine Brille angewiesen zu sein, genießen. Sie können neue Seherfahrungen machen und viel Spaß an den Übungen haben.

Selbst wenn Sie nicht zehn Tage en bloc erübrigen können, sondern z. B. nur sieben Tage, sollten Sie den Versuch machen. Sie werden auch nach sieben Tagen eine aufbauende Wirkung erleben und feststellen, dass sich die Mühe gelohnt hat.

Ihre Übungszeit beträgt ungefähr 90 Minuten und kann auf bis zu drei oder vier Stunden täglich ausgedehnt werden – das liegt ganz bei Ihnen: an Ihrem Willen, Ihrer starken Motivation, Ihrer vorhandenen Zeit und der tatsächlichen Energie, die Sie für Ihre Augen und Ihre individuelle Sehfähigkeit in diesem relativ überschaubaren Zeitraum aufwenden wollen und können.

Was beinhaltet das 10-Tage-Programm?

Das 10-Tage-Programm umfasst das farbtherapeutische Augenstärkungsprogramm (zweimal täglich), weitere Sehübungen (angegliedert oder getrennt davon) sowie Licht-, Farb-, Entschlackungs- und Ernährungshinweise.

So führen Sie das Programm am besten durch

Wählen Sie für Ihre Sehkraftkur einen Zeitraum aus, in dem Sie günstige Bedingungen vorfinden oder schaffen können: z. B. während der Ferien; wenn es Ihnen gut geht und Sie viel Zeit und Energie haben. Hektische und stressige Zeiten sind weniger geeignet. Günstige Bedingungen sind z. B.: wenn jemand mitmacht, aus der Familie, dem Freundeskreis oder Bekannte, die Sie motivieren können (vielleicht, weil sie Sehprobleme haben). Sie können sich dann gegenseitig motivieren und Ihre Erfahrungen austauschen. Während der Kur wird Ihr Sehen mehr im Mittelpunkt stehen als gewöhnlich. Einige Übungen sind so angelegt, dass Sie sie während der Aktivitäten ausführen können, die Sie sowieso unternehmen, wie Sport, Spaziergänge, Joggen, Schwimmen, Lesen o. Ä. Bei vielen anderen Alltagsaktivitäten und Gelegenheiten werden Sie eine Verbindung zu Ihren Seherfahrungen und Sehübungen herstellen können. Die Zeit, die Sie mit den Übungen verbringen, ist keine verlorene Zeit. Es ist Zeit, die Sie für Ihre Augen, für Ihre Sehfähigkeit und für sich selbst gewinnen.

Die Sehübungen

Die Sehübungen können Ihnen helfen, die Sehkraft in die organgemäße Tätigkeit des Sehens zu lenken. Würden Sie in Ihren Sehzellen immer nur Sehkraft produzieren, ohne dass diese Kraft in die Sehtätigkeit einfließt, würden Sie immer und überall Nachbilder sehen. Bei manchen Menschen ist das tatsächlich der Fall, und wenn man damit spielen kann, ist das auch ganz schön. Ansonsten ist es aber eher lästig.
Ziel der Sehübungen ist es vielmehr, mehr Energie so in die Sehtätigkeit zu leiten, dass diese eine optimale Wirkung entfaltet: entspanntes Sehen; weites, offenes Gesichtsfeld; große Augenbeweglichkeit; große Einstellungsbandbreite auf Nähe und Ferne (Akkommodation); zentrale Sehfähigkeit (die Fähigkeit, im Zentrum des Gesichtsfelds deutlicher und klarer zu sehen als in der Peripherie) mit schneller Saccadentätigkeit; räumliches Sehen, aber auch bildhafte Erinnerung und Vorstellungsvermögen; eine lebendige und klare innere Seh- sowie Gefühlsausdrucksfähigkeit der Augen.
Die Übungen für das 10-Tage-Programm entstammen der Praxis meiner Augenschule. Sie beruhen zum Teil auf der Bates-Methode, zum Teil auf altem Heilwissen. Einige Übungen habe ich passend zum Programm dazu erfunden oder abgewandelt. Ich habe sie nach den folgenden Gesichtspunkten ausgewählt:

- Leicht zu erlernen
- Im Alltag einfach zu praktizieren
- Erfordern keine weiteren Hilfsmittel
- Können unabhängig vom Grad der Normal- oder Fehlsichtigkeit durchgeführt werden

Ich empfehle Ihnen, die Übungen zu lesen und einzeln, nach und nach, zu erlernen. Betrachten Sie sie als Sehspiele. So erlernen Sie sie am leichtesten. Die Wirkung zeigt sich manchmal sofort, manchmal erst nach mehrmaligem Üben. Seien Sie geduldig, aber zwingen Sie sich zu keiner der Übungen. Bedenken Sie: Jeder Zwang zu sehen (auch Sehübungen zu machen), wirkt sich negativ auf die Sehfähigkeit aus.
Alle Sehübungen können grundsätzlich ohne Brille oder Kontaktlinsen durchgeführt werden, und möglichst nach einer körperlichen Auflockerung. Dies erhöht ihre Wirksamkeit.

Die Übungen

Herzhaftes Gähnen

Herzhaftes Gähnen öffnet die Atmung, bereitet den Körper auf mehr Sauerstoffaufnahme vor, ist ein Ausdruck des Wachwerdens; das Unterdrücken der Gähnimpulse, z. B. durch das Zusammenpressen der Kiefer beim Hand-vor-den-Mund-Nehmen, fördert dagegen den Zustand der Müdigkeit.
In meinen Kursen wird ausgiebig, intensiv und laut gegähnt. Ein herzhaftes Gähnen, das von einzelnen ausgeht, setzt sich dann manchmal wie eine Welle in der Gruppe fort, eine wahre Gähnorgie entsteht. Die Müdigkeit verfliegt zusehends, und befreites Lachen tritt ein. Die Augen der Teilnehmer, vom Gähnen geweitet, befeuchten sich bis hin zum Tränenfluss. Spannungen in der Augenmuskulatur lösen sich leichter beim Gähnen.
Gähnen Sie, so oft Sie können. Üben Sie das offene, herzhafte, ungebremste Gähnen da, wo Sie es sich erlauben können; versuchen Sie, mit Ihrem Gähnen andere anzustecken und eine Gähnwelle auszulösen.
Das geht nicht in Ihrer Familie, an Ihrem Arbeitsplatz, in der Schule, in der Universität? Tun Sie es trotzdem, und erklären Sie Ihren verdutzten Mitmenschen die Weisheit des ungebremsten Gähnens: herz-

haftes Gähnen macht wach und entspannt die Augen. Wer immer sich anstecken lässt, wird Ihnen zustimmen, dass er/sie sich nachher wacher fühlt und seine/ihre Augen feuchter und entspannter sind.
Sie hören überhaupt nicht mehr auf mit Gähnen, wenn Sie damit anfangen? Keine Sorge: Eine ungebremste Gähnsequenz dauert selten länger als fünf Minuten.

Augen- und Blicklockerungsübungen

Sie werden die Wirkungen der Farben auf Ihre Sehkraft leichter feststellen und mehr genießen können, wenn Ihr Blick weich ist und Ihre Augen entspannt sind.
Ich empfehle Ihnen deshalb, nach Möglichkeit vor dem Üben mit den Farbtafeln sich selbst und Ihre Augen aufzulockern und zu entspannen. Hierfür einige bewährte Übungen aus meiner Augenschule, die schnell und einfach zu erlernen sind:

Wedeln

Stellen Sie sich vor, an Ihrer Nasenspitze befände sich ein kleiner Staubwedel mit einem Stiel, der teleskopartig ausfahrbar ist. Schließen Sie die Augen einen Moment, bis Sie den Stiel an Ihrer Nasenspitze fühlen und den Wedel bildhaft von der Nasenspitze wegzeigend mit Ihrem inneren Auge sehen.
Führen Sie den kleinen Wedel über die Buchstaben dieser Zeilen bis zum jeweiligen Zeilenende, dann zwischen den Zeilen bis zum Anfang der folgenden Zeile zurück usw., bis zum Ende der Seite. Stellen Sie sich die gedruckten Buchstaben als kleine Erhebungen oder Vertiefungen vor, wie aufgeklebt oder herausgestanzt. Lesen Sie diesen Absatz zwei- bis dreimal auf diese Weise. Lesen Sie weiter, während Sie den Wedel mit dem inneren Vorstellungsauge über die Buchstaben hinwegführen.
Fühlen Sie an Ihrer Nasenspitze, wie es ruckt und rattert, wenn der Wedel über die schwarzen Buchstaben streicht? Wie er leicht und ohne Widerstand zwischen den Zeilen zurückgleitet, sich vielleicht an den Großbuchstaben der Unterzeile ein wenig reibt? Stellen Sie sich dabei vor, wie Sie Staubkörnchen, Fusseln usw. von den Buchstaben und vom Papier fegen, so dass das Schwarz und das Weiß reiner und klarer aufleuchten und glänzen.
Fegen Sie um einzelne Buchstaben herum und in den Innenhöfen einzelner Buchstaben dieser Zeile. Blinzeln Sie dabei mit weichen Lidschlägen, die sich anfühlen wie die Flügelschläge eines Schmetterlings. Atmen Sie einige Atemzüge lang tief durch, und genießen Sie Ihr augenblickliches Sehspiel.
Wenn es Sie ablenkt, gleichzeitig den Sinn der Buchstaben und Wörter zu erfassen, stellen Sie für diese Blicklockerungsübung das Buch einfach auf den Kopf. Blicken Sie anschließend aus dem Fenster, und zeichnen Sie mit Ihrem Wedel an der Nasenspitze den Horizont – oder weit entfernte Umrisse – nach.
Diese Übung bewirkt bei jedem längeren Lesen eine zwischenzeitliche Augenauflockerung. Nachdem Sie diese Zeilen gelesen haben, reiben Sie Ihre Hände, halten Sie sie vor Ihre geschlossenen Augen und spüren einige Atemzüge lang mit völlig passiven Augen der Übung nach.
Eine Variante zu diesem Vorgehen ist folgender Ablauf: Fegen Sie mit Ihrem Staubwedel, den Sie mit Ihrem Vorstellungsauge sehen (welche Farbe haben seine Federn und wie lang sind sie?), vor sich den Schreibtisch oder den Boden. Blicken Sie nach jedem Satz, den Sie auf dieser Seite lesen, kurz auf, und führen Sie die Übung aus.
Bewegen Sie Ihren Kopf dabei so, als führten Sie tatsächlich einen langen, elastischen Stab mit einem Wedel an der Spitze über die Gegenstände und

Flächen hinweg. Spüren Sie den Widerstand, das kleine Rucken und Holpern an Ihrer Nasenspitze, die Bewegung im Nacken? Holen Sie mühelos Schwung aus der Bewegung des Kopfs, des Nackens und des Rückens: eine gleichmäßige, sanfte, schwingende Bewegung mit der Nasenspitze nach links zum linken Schultergelenk hin und nach rechts in Richtung Ihres rechten Schultergelenks und ein kleines Stück darüber hinaus.

Atmen Sie weich und entspannt in eine Richtung ein, in die andere aus, mit weichem, leicht geöffnetem Kiefer (spüren Sie, wie die Anspannung sich löst?). Seufzen Sie mit hör- und fühlbarem Atem, um Anspannungen im Nacken- und Kieferbereich zu lösen. Fühlen Sie, wie es ein wenig reibt oder knackt im Nacken? Fegen Sie den Platz vor sich leer! Blinzeln Sie weich und häufiger als gewöhnlich.

Alle Gedanken, Vorstellungen und Gefühle dazu sind erlaubt. Wedeln Sie alles auf einen großen Haufen zusammen oder nach links und rechts zur Seite weg, soweit der Schwung reicht. Wedeln Sie so nah wie möglich zu sich heran, bis Sie über Ihre Zehenspitzen hinwegfegen, dann wieder so weit wie möglich von sich weg bis zur gegenüberliegenden Wand oder bis zum Horizont. Nehmen Sie wahr, was gereinigt und abgestaubt in Ihrem Blickfeld auftaucht. Kitzeln und streicheln Sie das Gesehene mit Ihrem Wedel.

Blickpendeln

Diese Übung können Sie bei jedem Spaziergang oder Umhergehen praktizieren. Es ist jedoch hilfreich, sie zunächst im Sitzen oder im Stehen zu erlernen.

Stellen Sie sich zunächst mit geschlossenen Augen vor, an der Nasenspitze wäre der Kiel einer Feder befestigt, deren Spitze bis zum Horizont reicht. Wie sieht diese Feder wohl aus? Von welchem Vogel stammt sie?

Dann öffnen Sie die Augen und schwingen die Feder in Form einer liegenden Acht direkt über dem Horizont. Schwingen Sie sie mit kleinen Bewegungen des Kopfs bei hängenden, entspannten Schultern und leicht geöffnetem Mund (Gaumen und Kiefer entspannt), wobei die Augen der Bewegung der imaginären Federspitze am Horizont locker und weit nach außen folgen. Die Bewegung ist dabei immer die einer liegenden Acht: mal dickbauchig, mal dünnbauchig, mal klein und mal groß über den Horizont gemalt.

Dann praktizieren Sie den Achterschwung beim Umherlaufen: Ein Tritt mit dem linken Fuß ist das Zeichen, den Achterschwung nach links oben zu beginnen und den linken Kreis der liegenden Acht über den Horizont zu malen; wenn der rechte Fuß vorgeht, beginnt die Bewegung der imaginären Federspitze nach rechts oben, und der Blick zeichnet den rechten Kreis der liegenden Acht über den Horizont bis zur Mitte zurück. Mit dem linken Fuß nach vorn beginnt wieder der Aufschwung des Blicks in den linken Kreis der liegenden Acht usw.

Beginnen Sie mit dem Umhergehen im Zeitlupentempo oder so, als würden Sie etwas behutsam balancieren – z. B. ein Tablett mit Gläsern –, um die Augen behutsam an die Koordination mit Ihren Schritten zu gewöhnen. Mit etwas Übung können Sie die Achterschwünge beim Gehen dynamischer und schwungvoller ausführen.

So kann die imaginäre Federspitze bei einem Spaziergang z. B. beim Tritt mit dem linken Fuß zu einem Punkt am Horizont beim Blick nach links schwingen, wobei sich der Kopf mit nach links bewegt (Aufschwung der Achterbewegung nach links oben), mit der Bewegung zur Mitte zurück einen Punkt auf dem Weg direkt vor Ihnen streifen (Kopf dreht sich zur Mitte zurück), dann beim Tritt mit dem

rechten Fuß nach rechts außen schwingen (Kopf dreht sich nach rechts) und einen Punkt am Außenpol der liegenden Acht am Horizont erfassen. Und wenn der rechte Fuß ganz belastet ist (bevor der linke beginnt sich abzuheben) kehrt der Blick wieder zur Mitte zurück und streift einen Punkt auf dem Weg.
Doch Vorsicht: Wenn Sie daran denken müssen, wie die Übung geht, kommen Sie garantiert durcheinander. Wenn Sie den Achterschwung so in Gang setzen, wie Sie ein Pendel anstoßen würden, und der Schwingbewegung mit den Augen passiv folgen, wobei Ihre Füße den Rhythmus vorgeben – leicht, locker und spielerisch –, ist das Ganze einfach ein Koordinierungsspiel von Bewegungen, die sich von selbst aufeinander abstimmen, an dessen immer leichterem Gelingen Sie sich erfreuen.
Als Hilfestellung können Sie einen kleinen Ball an einer ca. einen Meter langen Schnur befestigen und den Ball in Form von lauter liegenden Achten vor dem Körper schwingen, während der Blick der Bewegung des Balls folgt. Dann probieren Sie es beim Umhergehen, den Ball in der gleichen Weise zu schwingen und seiner Bewegung mit dem Blick weiterhin zu folgen.
Wenn Sie Übung mit dem Blickpendeln haben, probieren Sie es mit einer Variante: Ein Tritt mit dem linken Fuß ist dann das Zeichen, den Blick nach rechts in die Achterbahn zu schwingen und ein Tritt mit dem rechten Fuß, ihn nach links zu schwingen.

Ziehharmonika

Wählen Sie ein interessantes Motiv in Ihrem Blickfeld aus, das Ihren Blick anzieht, auf dem Ihr Blick gern zur Ruhe kommt: eine Blüte, ein schönes Bild. Blicken Sie es weich an, es muss nicht gestochen scharf zu erkennen sein. Schauen Sie es zentral an: Ihre Nasenspitze zeigt in Richtung Ihres Motivs. Nun »rahmen« Sie es mit Ihren Händen ein: Begrenzen Sie Ihr Gesichtsfeld so, dass Sie den Blick zwischen Ihren Handflächen hindurch auf das Motiv richten. Sie werden rechts und links an Ihren Händen vorbeischauen können, aber Ihre zentrale Aufmerksamkeit ist immer bei Ihrem Motiv. Führen Sie diesen Teil der Übung probeweise mit einem ganz beliebigen Motiv aus.
Führen Sie nun beide Hände langsam auseinander, und nehmen Sie wahr, was zusätzlich noch alles zwischen Ihre Hände gerät (Farben, Formen, Bewegungen, Kontraste, Raum), bis Ihre Hände zu den Seiten hin aus Ihrem Gesichtsfeld verschwinden.
Führen Sie dann wieder die Hände zusammen, bis Ihr Blickfeld auf Ihr zentrales Motiv zusammenschrumpft. Die Bewegung gleicht der beim Ziehharmonikaspielen. Spielen Sie eine Weile mit Ihrer Blickfeldziehharmonika.
Atmen Sie ein, wenn Sie die Arme auseinanderführen, und aus, wenn Sie sie wieder zusammenbringen. Sprechen Sie im Geist den Satz: »Ich gebe dir Raum«, wenn Sie einatmen und die Handflächen auseinanderführen, und den Satz: »Ich berühre dich sanft«, wenn Sie gleichmäßig ausatmen und Ihr Objekt mit den Händen einrahmen.
Erleben Sie eine Entsprechung dieser blicköffnenden Bewegung in Ihrem Denken, in Ihrem Fühlen? Dehnt sich Ihre Wahrnehmung auf den Raum um Sie herum aus?
Werden Sie sich des Raums um Ihr zentrales Sehen herum (da, wo Sie mit dem größten Teil Ihrer Aufmerksamkeit hinsehen) bewusster, bis er sich nach allen Seiten hin um das angeblickte Objekt herum ausdehnt?
Stellen Sie sich vor, und erleben Sie, wie der Raum um Sie herum sich mit Ihrem Atem, mit der blicköffnenden Bewegung ausdehnt wie eine Blase, bis das

gesehene Motiv sich mit Ihnen in dieser Wahrnehmungsblase befindet.
Sie können Ihre Hände nach allen Seiten (nicht nur in der Waagrechten) auf Ihr Motiv zu- und von ihm wegführen, um Ihre spezielle Wahrnehmungsblase zu erschaffen.

Als Variante führen Sie diese Übung – im Geist oder tatsächlich – mit einem Partner/einer Partnerin aus, der/die Ihnen gegenübersitzt. Wechseln Sie dabei die Rollen, so dass Sie sich aktiv und passiv in diese Übung einfühlen können.
Es wird vielleicht mehrere Anläufe erfordern, diese Übung in Erfahrung umzusetzen. Aber wenn Sie die Muße und die Geduld aufbringen, sie in der beschriebenen Form zu praktizieren, haben Sie nicht nur eine wirkungsvolle Übung gefunden, um Ihr Blickfeld zu erweitern, Sie erhalten auch einen weicheren, offeneren Blick und ein erweitertes, offeneres Sehen und Wahrnehmen in einer Geisteshaltung, die Sie sich selbst in Verbindung mit dem Gesehenen erleben lässt.
Dies ist ein völlig anderes Gefühl als bei jenem Sehen, das einer Denkhaltung entspricht, mit der wir uns als von der Welt abgetrennt erleben.

Augenakupressur

Akupunktur und Akupressur sind Techniken der jahrtausende alten chinesischen Medizin, die hierzulande in der ganzheitlich orientierten Medizin und Gesundheitsvorsorge Verbreitung und Anerkennung gefunden haben.
Akupressur beruht auf der Stimulierung von Energiepunkten in oder unter der Haut durch Fingerdruckmassage. Akupunktur wird mit Nadeln ausgeführt. Da bei der Akupressur keine weiteren Hilfsmittel benötigt werden, ist sie hervorragend für die Selbstanwendung geeignet. Sie kann von Laien ebenso wie von Fachleuten angewandt werden, da sie leicht zu erlernen ist und Nebenwirkungen bei behutsamer Anwendung nicht zu befürchten sind.

Die Verbindung zu den Organen

Erfahrungsgemäß stehen die durch Akupressurmassage stimulierten Punkte mit bestimmten Körperorganen bzw. Organsystemen in Verbindung. Für die Augen gibt es Punkte an den Händen und Füßen und auf den Knochen des Augenhöhlenrands. Sie befinden sich dort in kleinen, fühlbaren Grübchen (siehe Zeichnung, Seite 45). Ein sicheres Zeichen, dass Sie den richtigen Punkt gefunden haben, ist eine manchmal ziehende, pochende oder schmerzähnliche Empfindung, die anders ist als das Gefühl, welches der Druck allein erzeugt (in diesem Fall sehr behutsam massieren). Die Akupressur erfolgt, indem Sie Daumen bzw. Zeigefinger auf den Punkt auflegen und sanft kreisend mit rhythmischem Druck massieren.
Der Rhythmus kommt dadurch zustande, dass Sie während Ihres Ausatmens gemäßigten Druck ausüben, während Ihres Einatmens den Druck aber herausnehmen, während sie weiter kreisend sanft massieren. Schauen Sie sich die Position der Punkte auf den Zeichnungen auf Seite 45 an, und ertasten Sie in Ihrem Augenhöhlenrand, wo Sie in diesem Bereich eine kleine Vertiefung finden können.
Tasten Sie mit Ihren Daumen oder Zeigefingern nach den betreffenden Punkten, fühlen Sie nach den kleinen Vertiefungen im Knochenrand, legen Sie die Fingerkuppen sanft und bequem an Ihr Gesicht an, und beginnen Sie zu kreisen.
Nehmen Sie Ihre Atmung wahr, indem Sie erst einmal tief durchatmen und durch Seufzen oder Gähnen Anspannung loslassen. Regulieren Sie beim Kreisen und Weiteratmen den Druck so, dass es

Die Druckpunkte:

1. Druck mit den Daumen zur Stirn. Die Fingerkuppen liegen sanft auf der Stirn auf.

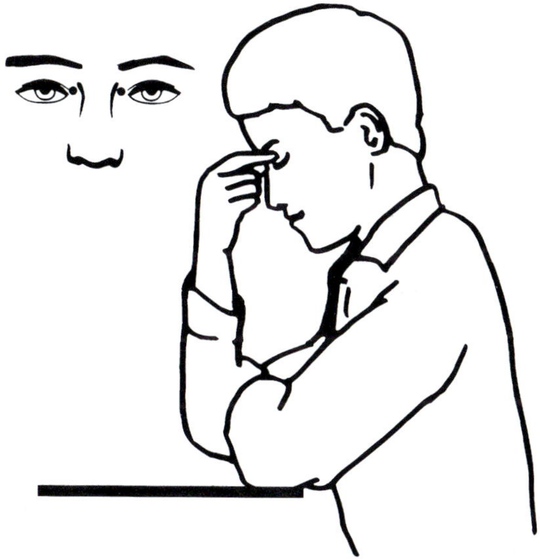

2. Druck mit Daumen und Zeigefinger einer Hand gegen die Nasenwurzel.

3. Druck mit den Zeigefingern in Richtung Kinn. Daumen unter das Kinn gehakt.

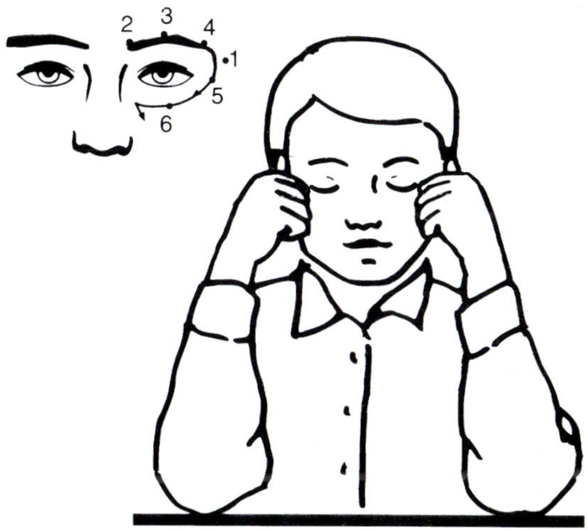

4. Daumen am Schläfenansatz, Kreisbewegung mit angewinkelten Zeigefingern rings um die Augenhöhlen.

Ihnen angenehm ist. Schmerzt die Empfindung, dann nehmen Sie Druck heraus (manchmal genügt ein Hauch von Berührung).
Wenn Sie nicht sicher sind, ob Sie den Punkt getroffen haben, tasten Sie während der Massage ein klein wenig herum. Der Wirkungsradius der Punkte beträgt etwa eineinhalb Zentimeter im Durchmesser, Sie können also nicht so sehr falsch liegen. Das Zentrum kann allerdings sehr sensibel sein, und wenn Sie die Akupressur häufiger praktizieren, werden Sie die Punkte in ihren Zentren bald deutlich spüren können. Wenn Sie vom Hinterkopf her einen leichten Gegendruck gegen die drückenden Finger hin ausüben, kann sich Ihr Nacken dabei wohltuend entspannen.
Das Kreisen kann im Herzschlagrhythmus erfolgen oder auch schneller. Jeder Punkt sollte gemäß der Empfehlung chinesischer Fachleute acht Atemzüge lang gedrückt werden. Das Mitzählen unterstützt Ihre geistige Präsenz bei der Übung: Nichts macht eine Übung wirkungsloser als deren lustlose, mechanische Verrichtung! Vertrauen Sie Ihrem Gefühl für die Signale, die Ihr Körper Ihnen gibt.

Das richtige Massieren der Punkte

Die Augen bleiben während der Druckmassage geschlossen, die Augäpfel selbst werden beim Massieren nicht berührt.
Beim abschließenden Teil der Übung (Position 4) haken Sie die Daumenkuppen am Schläfenansatz ein. Auch hier befindet sich eine empfindsame Kuhle hinter der Knochenwulst, die Ihre Augenhöhle an der Außenseite Ihres Gesichts begrenzt. Mit den Gelenkkuppen Ihrer wie zum Fingerhakeln eingerollten Zeigefinger kreisen Sie, bei Punkt 2 beginnend, rings auf dem Knochenrand der Augenhöhle ganz herum bis über Punkt 6 hinaus, so dass Sie alle Erhöhungen und Vertiefungen des Knochenrands spüren und etwas Druck ausüben, als würden Sie einen Rest Zahnpasta aus der Tube drücken. Bei den Nasenflügeln angelangt, streichen Sie mit den Zeigefingern von der Nase weg nach vorn mit einer kleinen Schnippbewegung, als wollten Sie Zahnpasta wegschnippen.
Sie entledigen sich so der statischen Energie, die sich manchmal als Zeichen von Müdigkeit, Anstrengung und Erschöpfung wie ein Schleier vor die Augen legt und die Lider schwer macht. Atmen Sie während eines Umkreisens einmal tief ein und aus.
Manche Akupresseure empfehlen, am Ende des Massagezyklus einen sanften Druck mit den Zeigefingerkuppen auf die Pupille der geschlossenen Augen auszuüben (ebenfalls acht Atemzüge lang). Wenn Sie dies ausprobieren möchten, sollten Sie es wirklich ganz behutsam tun, so, als würden Sie Ihre Augäpfel bei hängendem Kopf (Kinn zur Brust) durch die geschlossenen Lider hindurch wie Seifenblasen auf Ihren Fingerkuppen balancieren.
Am Ende der Sequenz bedecken Sie Ihre geschlossenen Augen mit den Händen. Machen Sie es sich im Sitzen oder im Liegen bequem, stützen Sie gegebenenfalls Ihre Ellenbogen auf einem Kissen ab. Spüren Sie unter Ihren Händen nach, wie sich die durch die Massage entstandene Wärme und Energie um Ihre Augen herum verteilt. Atmen Sie entspannt weiter, genießen Sie die Wärme und die Dunkelheit unter den Handflächen noch eine Weile.

Imagination

Imagination (auch Visualisation genannt) ist diejenige Eigenschaft unseres Sehvermögens, die innere Seheindrücke zum Ausdruck bringt. Wir nennen sie auch unsere visuelle Einbildungskraft. Wie viele hochentwickelte Fähigkeiten unseres Sehens beruht sie auf einem Zusammenspiel von mehreren Funktionen und Qualitäten. An ihr sind u. a. beteiligt:

- *Das visuelle Langzeitgedächtnis:* Der bildhafte Gedächtnisspeicher – er enthält alles, was Sie schon gesehen haben und sich, auch unbewusst, bildhaft eingeprägt haben.
- *Das visuelle Kurzzeitgedächtnis:* Gerade eben aufgenommene bildhafte Eindrücke, die haften geblieben sind.
- *Das visuelle Vorstellungsvermögen (die bildhafte Phantasie):* Die Fähigkeit Ihres Geists, mit völlig unterschiedlichen bildhaften Eindrücken spielerisch, kreativ (d.h. schöpferisch erschaffend oder intuitiv empfangend), assoziativ (d.h. tastend, versuchend, nebeneinanderstellend) und projektiv (d.h. in eine vorgestellte, geistige Wirklichkeit einfügend) umzugehen. Wenn Sie sich ein Geschehen bildhaft vorstellen, aktivieren Sie zugleich diese verschiedenen inneren Prozesse.

In gewisser Weise vollbringen Sie damit eine Form der Energetisierung Ihres Sehens von innen heraus. Auf eine sehr subtile, aber wirkungsvolle Weise aktivieren Sie innere Energiespeicher, Zentren Ihrer Wahrnehmung, Ihres Gehirns, Ihres Geists und Ihrer Seele. Diese stehen in Verbindung mit Ihrer Sehfähigkeit, bis in die Sehzellen der Retina und in die feinste Bewegungs- und Steuerungstätigkeit der Augen hinein.

Die Augen sind beim Visualisieren auf die gleiche Weise aktiv wie beim Sehen in die Außenwelt. Deshalb werden die Traumphasen während des Schlafs auch REM-Phasen (rapid eye movements – schnelle Augenbewegungen) genannt, weil sich die Augen beim Träumen so bewegen, als würden sie das im Traum Gesehene wirklich mit dem Blick verfolgen. Das erklärt auch, warum sich die Augen nach belastenden Träumen (an die man sich nicht immer erinnert) angestrengt anfühlen, bei angenehmen, klaren Träumen morgens frisch und erholt sind.

Wenn Sie das Prinzip der Wechselwirkung von äußeren und inneren Energien für die Belebung Ihres Sehens verstehen, werden Sie leicht einsehen, welchen nützlichen und angenehmen Beitrag die Tätigkeit des Visualisierens dazu leisten kann.

Imagination I – Der Augen-Erholungsraum

Setzen oder legen Sie sich nach einem Übungszyklus mit den Farbtafeln entspannt hin. Halten Sie die Augen geschlossen und zusätzlich mit den Handflächen bedeckt.

Sie können sich die folgenden Texte merken, auf Band sprechen oder vorlesen lassen. Deshalb wird in der Anrede das persönlichere »Du« verwendet:

»Atme ruhig und entspannt. Nimm die Dunkelheit wahr, wie sie sich von selbst zeigt. Versetze dich mit Hilfe deiner Vorstellungskraft in einen Raum mit behaglichem Licht, in dem du dich sicher und wohl fühlst. Erschaffe dir in deiner Vorstellung einen sicheren und behaglichen Raum.

Richte den Raum in deiner Phantasie ein. Verwende dafür die Farben, die du eben auf den Tafeln und in den Nachbildern geschaut hast. Gestalte Teppiche, Bodenbelag, Tapeten, Vorhänge, Einrichtungsgegenstände in zarten oder kräftigen Nuancen dieser Farben. Erlebe, gestalte diesen Raum bildhaft in deinem inneren Sehen im Ganzen und im Detail, und lasse ihn auf dich wirken:

Wie fühlst du dich in diesem Raum?

Welche Atmosphäre strahlt dieser Raum aus?

Wozu regt dich die Atmosphäre dieses Raums an? Zu welcher Art von Tätigkeit oder Erleben?

Erlebe, was du gern in diesem Raum tun oder erfahren möchtest, in deiner Phantasie. Genieße, genau das zu tun, wozu dich die Atmosphäre dieses Raums anregt. Deiner Phantasie sind keine Grenzen gesetzt. Genieße, gestalte, verändere das räumliche Ambien-

te, die Anordnungen, Tönungen, Nuancierungen und Gewichtungen der verwendeten Farben, bis ein Optimum an Wohlbefinden und Zufriedenheit mit ihnen erreicht ist. Beziehe alle deine Sinne in deine Vorstellungswelt mit ein:
Welche Musik möchtest du in diesem Raum gern hören? Höre sie!
Was möchtest du anfassen, berühren in diesem Raum? Taste, berühre!
Wie möchtest du dich bewegen in diesem Raum? Bewege dich!
Was würdest du gern riechen, beschnuppern, welchen Duft einatmen? Rieche, schnuppere, koste die verschiedenen Düfte!
Was möchtest du gern schmecken, was würdest du dir gern auf der Zunge zergehen lassen in diesem Raum? Schmecke, lasse dir schmackhafte Genüsse auf der Zunge zergehen!
Verbringe so viel Zeit in diesem kreierten Raum, wie du dir erlauben willst, erlauben kannst. Wenn du dich schließlich in deine äußere Wirklichkeit zurückversetzen willst, atme ein paar Mal tief durch, und lasse den Raum mit allem, was darin ist, sich in der Dunkelheit auflösen.
Bewege dich, löse die Hände von den geschlossenen Augen, recke und strecke dich, als ob du kurz, aber wohltuend geschlafen hättest und nun wieder wach wirst. Schaue dich um, nimm wahr, wo du bist, und gehe ein wenig umher.
Wie nimmst du die Farben, die Formen, die Nuancierungen in deiner Umgebung jetzt, nach diesem Aufenthalt im Raum deiner Phantasie, wahr?
Was hat sich in deiner Wahrnehmung verändert? Ist der räumliche Seheindruck außen anders als innen?
Nimm dir einfach ein bisschen Zeit, deine äußeren Seheindrücke mit deinen inneren visualisierten zu vergleichen.«

Imagination II – Die Kinoleinwand

»Erschaffe dir in deiner Phantasie einen behaglichen Rückzugsraum. Spürst du, wie deine Augen von den Farben und Formen noch frisch aufgeladen sind? Ein leichtes Kribbeln oder Brennen, Zucken oder Flimmern in den Augen, um die Augen oder im Kopf, wie Elektrizität in einem Akkumulator?
Schalte das Licht in deinem vorgestellten Raum aus. (Du kannst dafür einen Dimmer verwenden.) Stelle dir dann eine helle oder dunkle Projektionsfläche vor wie eine Kinoleinwand, vor die du dich setzt oder stellst. Projiziere die bei der Übung geschauten Formen in deiner Vorstellung von innen heraus durch deine Augen als Licht auf diese Projektionsfläche, so dass die beiden Formen zur Deckung kommen, also aufeinanderliegen. Schaue dir die projizierten Formen auf der Fläche genau an. Wie stark oder wie schwach ist der visualisierte Seheindruck? Spiele mit der Projektion: Wie bei zwei Film- oder Diaprojektoren (das sind in diesem Fall deine beiden Augäpfel) veränderst du Größe, Helligkeit und Schärfe der projizierten Formen auf deiner imaginären Leinwand.
Mische die Farben dazu: Die erinnerten, geschauten, aber auch beliebige andere. Spiele weiter mit dieser Imagination. Du kannst dich dabei jederzeit in deiner Vorstellung bewegen, den Abstand zur Leinwand verändern, die Projektionsfläche verschieben.
Stelle dir die aufgenommene Farbenergie verwandelt in innere Leuchtkraft vor. Ein Teil dieser Leuchtkraft kann nun überall in deinem Körper, in einem bestimmten Körperteil oder -zentrum vorhanden sein. Spüre diese Leuchtkraft in dir.
Lege dir die Formen, als ob diese aus Holz oder Stoff wären, auf verschiedene Körperregionen. Spüre im Geist ihr Gewicht, ihre Wärme oder Kühle, die Beschaffenheit ihrer Oberflächen. Schaue sie dir durch deinen Körper von innen heraus an.

Wenn du die Übung beenden möchtest, löse die Hände von den geschlossenen Augen, recke und strecke dich wie nach einem kurzen, erholsamen Schlaf, bringe dich in Kontakt mit deinem Körper und deiner Umgebung, schaue dich um, und laufe ein wenig umher.«

Imagination III – Das Farbenballett

Legen oder setzen Sie sich nach der Farbtafelsequenz hin. Schirmen Sie Ihre Augen mit den Händen ab, und machen Sie es sich bequem. Untermalen Sie diese visuelle Phantasiereise mit schöner Musik.
»Nimm die Dunkelheit unter den Handflächen, hinter den geschlossenen Augenlidern wahr. Schaue entspannt in diese Dunkelheit hinein. Stelle dir nun vor, du sitzt in einem Theater. Der Zuschauerraum liegt im Dämmerlicht, der Vorhang zur Bühne ist noch geschlossen. Es erwartet dich eine Ballettvorführung. Aber es ist kein gewöhnliches Ballett, sondern ein Ballett von Farben und Formen.
Mache es dir im Theatersessel bequem, die Vorstellung beginnt. Der Vorhang öffnet sich. Du hörst Musik. Auf der Bühne erscheint das Ballett, dargestellt durch die Formen, die du gerade auf den Tafeln angeschaut hast. Erfreue dich nun an ihrer Darbietung. Schaue zu, wie sie sich drehen und wenden, hüpfen und kreisen. Betrachte ihre luftigen und duftigen Farbenkleider, ihre hautengen Trikots, ihre Phantasiebemalung. Genieße die Vorstellung bis zum Schluss.«

Die Tagesfarbe

Für die Zeit des Übens mit den Tafeln schlage ich Ihnen die Wahl einer Tagesfarbe vor: Betrachten Sie einfach Ihre morgendliche Übungsfarbe als Ihre Tagesfarbe. Nehmen Sie diese Farbe, die Sie anhand der Übersichtstafeln wählen, wie ein Geschenk für diesen Tag an. Achten Sie darauf, wo und wobei Sie ihr im Lauf des Tages begegnen. Nehmen Sie sie in allen Schattierungen und Abstufungen wahr. Sehen Sie, in welchen Formen, an welchen Gegenständen, bei welchen Personen Sie ihr begegnen.
Wann immer sich eine Gelegenheit ergibt, üben Sie mit der Farbe, wie Sie es von den Farbtafeln her kennen gelernt haben: Umfahren Sie ihre Begrenzungen mit dem Blick, tauchen Sie ein mit dem Blick, nehmen Sie mit dem Einatmen die Farbe mit weit geöffneten Augen auf, und tauchen Sie beim Ausatmen mit dem Blick in die Farbe ein. Verbinden Sie sich beim Schauen mit der Farbe, und lassen Sie sie auf sich wirken. Finden Sie schöne Blumenbeete, Bilder, Stoffe, Naturschauspiele, Augenpaare usw. für diese Übung. Auch Bilder, die Sie selbst mit Ihrer Tagesfarbe gestalten, sind gute Blickvorlagen.

Ergänzende und unterstützende Maßnahmen

Augenstärkung durch Sonnenlicht und natürliche Farben

In gewisser Weise sind Licht, Farben und Dunkelheit die energetischen Grundnahrungsmittel für unsere Augen. Selbst (und besonders) wenn Sie während einer Sehkraftkur fasten, was ich sehr empfehlen kann, erhalten Ihre Augen auch von außen durch Licht, Farbe und Dunkelheit ihre lebensnotwendige Grundversorgung. Selbstverständlich kommt es dabei, wie bei der stofflichen Nahrung auch, ganz entscheidend auf deren Qualität an.

Licht

Natürliches Sonnenlicht enthält alle Qualitäten, die das Auge zu seiner energetischen Ernährung braucht. Das Sonnenlichtspektrum verändert sich in seiner spektralen Zusammensetzung im Lauf des Tages. Anstatt in Angst vor dem Ozonloch zu verfallen (dessen Realität wir sehen müssen), sollten Sie die heilende Wirkung des Sonnenlichts dann ausnutzen, wenn keine Gefahr von ihm ausgeht. Das ist die meiste Zeit des Tages der Fall. Besonders wirksam für die Sehfähigkeit ist das Sonnenlicht gleich nach Sonnenaufgang (die ersten Lichtstrahlen und die Stunde danach) und kurz vor Sonnenuntergang (die letzten Lichtstrahlen und die Stunde davor). Nicht von ungefähr geht in dieser Zeit, besonders in einer schönen Landschaft, das tiefste Schönheitsgefühl von diesem Anblick aus. Schönheit sehen und empfinden, ist Heilung für die Seele und für die Augen.

Baden Sie Ihre Augen und Ihre Sehzellen in Sonnenlicht immer ohne Sonnenbrille und Korrekturgläser (die Leben spendende Anteile des UV-Lichts herausfiltern). Die geschlossenen Augenlider sind dabei die wirkungsvollsten Filter gegen Blendung und mögliche Reizungen.

Kunstlicht in Sonnenlichtqualität

Ein gesunder Mensch sollte sich pro Tag mindestens zwei Stunden im Freien aufhalten, um die Menge Sonnenenergie aufzunehmen, die zur Aufrechterhaltung seines Immunsystems notwendig ist. Einige Lampenhersteller sind inzwischen in der Lage, Lampen herzustellen, deren Spektrum weitgehend mit dem des natürlichen Sonnenlichts übereinstimmt (allerdings nur als Durchschnittswert und nicht in dessen dynamischen Schwankungen und jahres- bzw. tageszeitlichen Veränderungen). Dennoch ist dies ein großer Fortschritt gegenüber herkömmlichem Kunstlicht, das in seiner Zusammensetzung erheblich von der Zusammensetzung des Sonnenlichts abweicht.

Für düstere Tage oder für das abendliche Üben empfehle ich zum Lichtbaden und Farbenschauen eine Vollspektrumlampe (die übrigens auch hervorragend als Arbeitsplatzbeleuchtung geeignet ist). Eine Bezugsquelle ist auf Seite 76 zu finden.

Lichtbaden

Wählen Sie als Lichtquelle nach Möglichkeit die milde Morgen-, Nachmittags- oder Abendsonne, ersatzweise eine gewendelte Vollspektrumlampe (das ist eine kompakte Leuchtröhre fast in Glühbirnenform, die in eine normale Glühbirnenfassung z. B. in eine Schreibtischlampe eingeschraubt werden kann). Die Wattzahl ist nicht entscheidend: Sie können die Lichtintensität auch durch den Abstand Ihres Gesichts zur Lampe regulieren. Wichtig ist ein deutlich wahrnehmbarer Kontrast von hell und dunkel unter den geschlossenen Lidern, wenn Sie den Kopf zum Licht hin und vom Licht weg bewegen.

Schließen Sie dazu unbedingt die Augenlider, richten Sie Ihr Gesicht und Ihre Nasenspitze nach der Sonne bzw. Lampe aus. Verteilen Sie das Licht durch sanfte Kopfbewegungen auf der gesamten Netzhaut. Bewegen Sie den Kopf zunächst sieben Atemzüge lang von links nach rechts und zurück. Die bewusste und entspannte Atmung ist wichtig, sie bringt von innen heraus Ihre Aufmerksamkeit und Ihre Blutzirkulation zu den Augen hin; dann sieben Atemzüge lang von oben nach unten und zurück (immer den Wechsel von hell und dunkel und die Gegenbewegung von Lichtschein und Kopfbewegung wahrnehmen). Daran anschließend zeichnen Sie Spiralen mit der Nasenspitze um den Lichtschein herum, in beiden Richtungen. Dann frei fließende Bewegungen, immer mit geschlossenen Lidern, um das Licht nicht blendend zu verteilen. Zuletzt schirmen Sie die Augen mit den Händen ab, etwa ebenso lange, wie das Lichtbaden dauerte.

Sonnenlichtbaden mit den Augen funktioniert nicht nur bei schönem Wetter; auch bei diffusem Licht oder

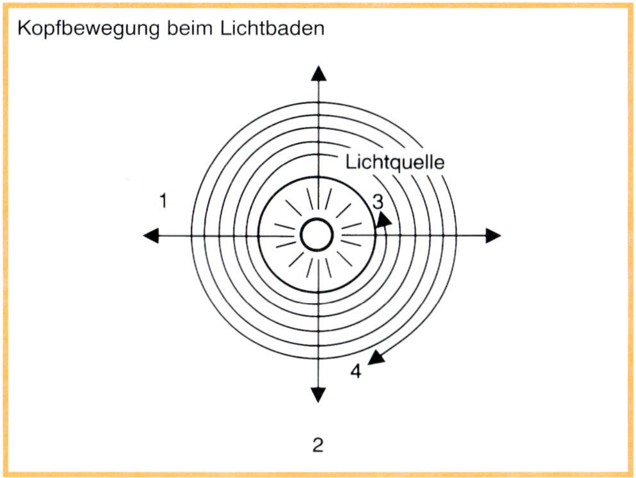

in Räumen bei Tageslicht, selbst bei Regenwetter kann man diese Übung durchführen. Stellen Sie sich vor, dass Sie mit den Augen beim Einatmen diffus und chaotisch umherschwirrende Sonnenlichtpartikel und Sonnenlichtstrahlen einsammeln. Visualisieren Sie die Sonne hinter der geschlossenen Wolkendecke oder außerhalb des Raums, in dem Sie sich befinden, als könnten Sie sie von der Spitze eines Bergs sehen, während unten im Tal die Regenwolken oder die Häuser sind.
Kunstlicht hat leider in den meisten Fällen nicht die Qualität des Sonnenlichts (es gibt aber auch so genannte True-Light-Lampen, die weitgehend das Sonnenlichtspektrum enthalten), vor allem nicht die Abwechslung und die Vielfalt der im Sonnenlicht enthaltenen Energie.

Farben

Die Natur erzeugt vorwiegend polychromatische Farben. Das sind Farben, die das Auge dadurch anregen, dass sie von Pigmenten erzeugt werden, die ein breites Band des Farbspektrums reflektieren und dadurch besonders viele verschiedene Minimalkontraste bilden. Dadurch wird das Auge beim Betrachten zu sehr vielen kleinen Bewegungen angeregt (die wir in der Regel nicht einmal wahrnehmen), die die Sehzellen »in Brand stecken«.
Dazu arbeitet die Natur mit Kontrastfarben: In natürlichem Blattgrün sind Tupfer von Magenta, in natürlichem Gelb Tupfer von Blauviolett, in tiefem Rot Tupfer von grünlichem Türkis usw. Schauen Sie sich einmal eine Blüte oder eine Wiese genau an, dann werden Sie es feststellen. Farbe und Kontrastfarbe bilden, wie Licht und Schatten, Maximalkontraste. Das erzeugt die größte energetische Spannung in den Zapfensehzellen, die größtmögliche Aktivität beim Farbensehen. Durch die Erzeugung vielfältiger, meist »unsichtbarer« (wir können aber lernen, sie zu sehen!) Minimal- und Maximalkontraste setzt die Natur die menschliche Sehfähigkeit optimal in Gang. Da Sehkraft von Augenblick zu Augenblick entsteht, braucht die Sehfähigkeit in jedem Augenblick lebendige Anregung. Ansonsten bleibt ein Großteil der Sehzellen inaktiv oder eingeschränkt aktiv.
Die meisten künstlichen Farben sind (leider) monochromatische Farben: Sie enthalten nur Pigmente, die einen eng begrenzten Ausschnitt des Lichtspektrums reflektieren. Sie wirken auf den ersten Blick intensiv, weil sie mehr Energie einer Art dem Auge entgegenbringen. Das Auge muss sich die Farbe nicht mehr durch Blickbewegungen selbst zusammenmischen, es muss sie sich nicht mehr selbst erarbeiten. Es wird durch monochromatische Farben zur Faulheit erzogen. Darauf baut wieder die Mode mit knalligeren und bunteren Farben auf.
Monochromatische Farben sind für die Augen, was Süßigkeiten für den Gaumen sind: ein knalliger Genuss im ersten Moment. Zu viel davon ist für den ganzen Organismus aber auf Dauer ungesund.

Grau und Schwarz

Eine lebendige Grauwirkung in der Natur entsteht durch übereinanderfallende Kontrastfarben, besteht also eigentlich aus vielen Farben. Das Grau einer Wolke entsteht dadurch, dass viele feine Wassertröpfchen lauter kleine Regenbogen übereinanderprojizieren. Ist das nicht ein herrlicher Anblick?
Künstliches Grau wird dagegen meistens durch ein Zusammenmischen von Schwarz und Weiß bzw. ein Aufrastern von Schwarz auf Weiß gebildet. Das Auge gerät beim Sehen eines solchen Grau in diesem Augenblick in einen statischen Gleichgewichtszustand, wogegen es bei natürlichem Grau in ein dynamisches Gleichgewicht kommt.
Ein natürliches Schwarz behält alle Lichtenergie für sich – aber doch nicht überall vollkommen gleich: Hier und da schimmert ein dunkles Dunkelrot, ein dunkles Dunkelblau usw. durch. Dadurch versinkt das Auge beim Betrachten in Dunkelheit, es bewegt sich und steigert sich in den Dunkeleindruck hinein.
Künstliches, monochromatisches Schwarz schaltet das Auge dagegen einfach aus. Es wirkt nicht lebendig, das Auge lebt nicht in einem solchen Schwarz.
Leuchtet Ihnen nun ein, weshalb unsere Augen in der Regel beim Sehen von Licht, Farbe und Dunkelheit chronisch unterernährt oder zumindest grundlegend fehlernährt sind?
Mein farbtherapeutischer Rat für eine gesunde Augen-, Licht- und Farbernährung in Verbindung mit dem 10-Tage-Programm lautet daher:
Achten Sie besonders auf Minimal- und Maximalkontrastschauspiele der Natur. Suchen Sie schöne und anregende Plätze in der Natur auf. Selbst in Großstädten gibt es sie. Sie machen dort durch die Kontrastwirkung mit der Umgebung sogar noch mehr Eindruck.
Stellen Sie Ihren Tagesrhythmus in diesen zehn Tagen auf den der Sonne ein. Stehen Sie mit der Sonne auf, gehen Sie mit der Sonne schlafen. Wenn Sie dann noch nicht müde sind, schirmen Sie im Bett die Augen mit den Händen ab, und baden Sie sie in Dunkelheit. Dieses bewusste »optische Fasten« wird Sie in einen vollkommenen Ruhezustand versetzen. Die ganze Aktivität, innere Unruhe usw. wird von der Dunkelheit unter den Händen aufgenommen.
Umgeben Sie sich möglichst mit Naturfarben. Tragen Sie Schals, Tücher, und Kleidung in Naturfarben und aus natürlichen Stoffen. Solche Kleidung wirkt wie ein Farbfilter für die Haut – und jede Körperzelle ist ein kleines Auge.

Ernährung

Essen Sie bei Ihren Mahlzeiten die Farben mit Ihren Augen mit, besonders die von frischem Obst und Gemüse. Achten Sie auf genügend Nahrungsmittel, die Ihnen Ihre Übungsfarbe zeigen.
Bereichern Sie Ihren Ernährungsplan um eine Hand voll geschälter Sonnenblumenkerne täglich. Die Sonnenblume ist die Pflanze, die sich am meisten nach der Sonne richtet. Sie speichert optimal ihre Lichtenergie und bringt sie in enge Verbindung mit der Erdenergie. Sie speichert in ihren Samen diese Kräfte so, dass unser Körper sie ausgezeichnet verwerten kann. Sonnenblumenkerne enthalten auf optimale Weise die Vitaminkomplexe A und B, die unsere Sehzellen zu ihrer Reproduktion und Regeneration unabdingbar benötigen.
Falls Sie nicht fasten, bevorzugen Sie in der Zeit der Kur eine natürliche Kost mit viel frischen Gemüsen (roh oder kurz gedünstet), Obst und Nüssen. Es gibt viele Ernährungsfachleute, die Sie im Zweifelsfall beraten können.

Entgiftung und Entschlackung

Es ist wichtig, die »Altlasten« des Körpers, die Ablagerungen, die sich im Lauf der Jahre in den Sehbahnen, den Blutbahnen im und zum Sehorganismus und im Auge selbst gebildet haben (Spuren von Linsentrübungen, Verunreinigungen des Kammerwassers, Ablagerungen im Glaskörper oder in der Netzhaut), zu »entsorgen«.

Vergiftungen im Körper (durch falsche Ernährung, Umwelteinflüsse, Medikamente usw.) können direkt und indirekt die Sehfähigkeit beeinflussen, das die Sehzentren, die Netzhaut der Augen und die Augenmuskulatur durchfließt; indem sie den Stoffwechsel behindern; indem sie wichtige energetische Sehbahnen, Nervenleitungen und synaptische Verbindungen von den und zu den Augen blockieren.

Für ein wirkungsvolles, auf Ihren Körper eingestelltes Entgiftungs- und Entschlackungsprogramm lassen Sie sich am besten von einem Naturheilarzt oder Heilpraktiker beraten. Er (oder sie) hat die Möglichkeit, die Belastungen Ihres Körpers mit Giftstoffen festzustellen und Ihnen die Gegenmittel zu verordnen. Auf die Möglichkeit eines Heilfastens während der Kur habe ich Sie bereits hingewiesen.

Die Ölziehkur

Ein spezieller Hinweis, den ich Ihnen geben möchte, ist eine Maßnahme, die Sie gefahrlos und ohne Mühe selbst praktizieren können. Sie stammt von einem ukrainischen Arzt, Dr. F. Karach, und geschieht mit Hilfe des Sonnenblumenöls. Es handelt sich dabei um die Ölziehkur, die mittlerweile auch bei uns bekannt und beliebt ist.

Die Methode besteht darin, kaltgepresstes, qualitativ gutes Sonnenblumenöl in den Mund zu nehmen (maximal 1 Esslöffel, minimal 1 Teelöffel), das Öl im Mund zu lassen und es 15 bis 20 Minuten lang vor dem Frühstück ohne Hast und ohne Mühe durch die Zähne zu saugen und zu spülen. Es ist zunächst dickflüssig; doch wenn es ausgespuckt wird, sollte es weiß und dünnflüssig wie Milch sein. Ist es noch gelb, so war der Spülvorgang zu kurz. Danach gut die Zähne putzen.

»In der ausgespuckten Flüssigkeit befinden sich große Mengen von Bakterien, verschiedene Krankheitserreger und andere schädliche Substanzen. Würden wir einen Tropfen davon unter einem 600fachen Mikroskop untersuchen, bekämen wir eine Art von beweglichen Fasern zu Gesicht: Gerade das aber sind Mikroben im ersten Entwicklungsstadium. Es ist besonders wichtig zu betonen, dass sich während des Saugens und Schlürfens der Stoffwechsel unseres Organismus verstärkt abwickelt … Neben einer Entgiftung und Entschlackung ist eine der auffallendsten Wirkungen … die Festigung lockerer Zähne, das Unterbinden von Zahnfleischbluten und sichtbares Weißwerden der Zähne.«

(Zitate aus einem Referat von Dr. Karach auf einer Tagung des Allukrainischen Verbandes der Onkologen und Bakteriologen, zitiert nach der deutschen Übersetzung.)

Die Übungen des 10-Tage-Programms

Übung 1: Das Abschirmen (Seite 20f.)
Übung 2: Farbtherapeutischer Übungszyklus (Seite 33ff.)
Übung 3: Herzhaftes Gähnen (Seite 40f.)
Übung 4: Wedeln (Seite 41f.)
Übung 5: Blickpendeln (Seite 42f.)
Übung 6: Ziehharmonika (Seite 43f.)
Übung 7: Augenakupressur (Seite 44f.)
Übung 8: Imagination I, II, III (Seite 46ff.)
Übung 9: Tagesfarbe (Seite 49)
Übung 10: Lichtbaden (Seite 50f.)

Tag	Übung	Nr.	durchgeführt	Bemerkungen
Morgens	Herzhaftes Gähnen und Strecken	3		
	Joggen oder Spaziergang mit Blickpendeln	5		
	Akupressur	7		
	Farbtherapeutischer Übungszyklus	2		
	Abschirmen	1		
Tagsüber	Gelegentliches Blickpendeln	5		
	Übungen mit der Tagesfarbe	9		
Abends	Akupressur	7		
	Farbtherapeutischer Übungszyklus	2		
	Imagination I – Augenerholungsraum	8, I		
Morgens	Herzhaftes Gähnen	3		
	Spaziergang oder Joggen, an einem schönen Platz			
	Ziehharmonika	6		
	Akupressur	7		
	Farbtherapeutischer Übungszyklus	2		
	Imagination I – Augenerholungsraum	8, I		
Tagsüber	Spaziergang mit Lichtbaden	10		
	Blickpendeln	5		
	Beim Lesen: gelegentliches Wedeln	4		
Abends	Akupressur	7		
	Farbtherapeutischer Übungszyklus	2		
	Imagination II – Kinoleinwand	8, II		

Tag	Übung	Nr.	durchgeführt	Bemerkungen
3 Morgens	Herzhaftes Gähnen	3		
	Morgengymnastik (Ganzkörperübungen, Laufen und Hüpfen auf der Stelle, Dehnungsübungen)			
	Akupressur	7		
	Farbtherapeutischer Übungszyklus	2		
Tagsüber	Übungen mit der Tagesfarbe	9		
	Bei Sonne: Lichtbaden	10		
Abends	Akupressur	7		
	Ziehharmonika	6		
	Farbtherapeutischer Übungszyklus	2		
	Imagination I – Augenerholungsraum	8, I		
4 Morgens	Herzhaftes Gähnen	3		
	Joggen mit Blickpendeln oder Gelenke kreisen: alle Gelenke des Körpers mehrmals sanft in beiden Richtungen kreisen, mit den Zehen beginnen	5		
	Akupressur	7		
	Farbtherapeutischer Übungszyklus	2		
	Abschirmen	1		
Tagsüber	Übungen mit der Tagesfarbe	9		
	Bei Sonne: Lichtbaden	10		
	Beim Lesen und bei Schreibtischarbeit: Wedeln	4		
Abends	Akupressur	7		
	Farbtherapeutischer Übungszyklus	2		
	Imagination III – Farbenballett	8, III		
5 Morgens	Herzhaftes Gähnen	3		
	Lockerungsübungen			
	Ziehharmonika	6		
	Akupressur	7		
	Farbtherapeutischer Übungszyklus	2		
	Abschirmen	1		
Tagsüber	Übungen mit der Tagesfarbe	9		
	Bei Sonne: Lichtbaden	10		
	Spaziergang mit Blickpendeln	5		
	In der Natur auf Kontrastfarben achten			
Abends	Kur-Halbzeit feiern! Wie wäre es zur Belohnung mit einem bunten Abend?			

Tag	Übung	Nr.	durchgeführt	Bemerkungen
6 Morgens	Herzhaftes Gähnen	3		
	Joggen oder Spaziergang mit Blickpendeln	5		
	Akupressur	7		
	Farbtherapeutischer Übungszyklus	2		
	Abschirmen und anschließende	1		
	Ziehharmonika	6		
Tagsüber	Übungen mit der Tagesfarbe	9		
	Bei Sonne: Lichtbaden	10		
	In der Natur auf Kontrastfarben achten			
	Beim Lesen: Wedeln	4		
Abends	Nackenmassage, anschließend Akupressur	7		
	Farbtherapeutischer Übungszyklus	2		
	Imagination – Augenerholungsraum	8, I		
7 Morgens	Mit herzhaftem Gähnen eigenes freies	3		
	Lockerungsprogramm, dabei Akupressur	7		
	Farbtherapeutischer Übungszyklus	2		
	Abschirmen und anschließendes	1		
	Wedeln (Variante: Farben polieren)	4		
Tagsüber	Übungen mit der Tagesfarbe	9		
	Bei Sonne: Lichtbaden	10		
	Beim Lesen: Wedeln	4		
	In der Natur auf Kontrastfarben achten			
Abends	Akupressur	7		
	Farbtherapeutischer Übungszyklus	2		
	Imagination II – Kinoleinwand	8, II		
8 Morgens	Herzhaftes Gähnen	3		
	Joggen oder Spaziergang mit Blickpendeln	5		
	Akupressur	7		
	Farbtherapeutischer Übungszyklus	2		
	Imagination I: Augenerholungsraum	8, I		
Tagsüber	Übungen mit der Tagesfarbe	9		
	Bei Sonne: Lichtbaden	10		
	Beim Lesen: Wedeln	4		
	In der Natur auf Kontrastfarben achten			

Tag	Übung	Nr.	durchgeführt	Bemerkungen
Abends	Akupressur	7		
	Farbtherapeutischer Übungszyklus	2		
	Imagination III – Farbenballett	8, III		
Morgens	Herzhaftes Gähnen	3		
	Joggen oder Spaziergang mit Blickpendeln	5		
	Ziehharmonika	6		
	Akupressur	7		
	Farbtherapeutischer Übungszyklus	2		
	Abschirmen	1		
Tagsüber	Übungen mit der Tagesfarbe	9		
	Bei Sonne: Lichtbaden	10		
	Beim Lesen: Wedeln	4		
	In der Natur auf Kontrastfarben achten			
Abends	Akupressur	7		
	Farbtherapeutischer Übungszyklus	2		
	Imagination I – Augenerholungsraum	8, I		
Morgens	Lockerungsprogramm mit herzhaftem Gähnen	3		
	Nackenmassage			
	Akupressur	7		
	Farbtherapeutischer Übungszyklus	2		
	Abschirmen, anschließend alle Farben begrüßen	1		
Tagsüber	Spaziergang; im Rückblick die Erlebnisse und Erfahrungen mit allen Übungsfarben erinnern und mit den jetzt gesehenen verbinden.			
	Fühlen Sie ihre Wirkung ganzkörperlich			
Abends	Nackenmassage			
	Akupressur	7		
	Farbtherapeutischer Übungszyklus	2		
	Abschirmen mit Imagination:	1		
	Erinnern Sie sich an Ihre Erfahrungen mit äußerem und innerem Farberleben in diesen Tagen. Genießen Sie noch einmal die schönsten Erlebnisse.			

Praktische Hinweise

Hinweise für Fehlsichtige

25 Millionen erwachsene Bundesbürger in den alten Bundesländern und 1,7 Millionen Kinder brauchten 1990 eine Brille, und die Zahlen steigen von Jahr zu Jahr (Quelle: medizin heute, 6/91).
Wenn Sie dazugehören, und wenn Sie Ihre Korrekturgläser gewohnheitsmäßig tragen, dann hat sich Ihre Sehfähigkeit im Lauf der Zeit womöglich so an die Gläser angepasst, dass diese zu Ihrer zweiten Natur geworden sind. Viele Fehlsichtige fühlen sich ohne ihre Brille oder ihre Kontaktlinsen unwohl, wie nackt und unsicher. Dabei hat das Tragen von Korrekturgläsern als Dauerangewohnheit einen entscheidenden Nachteil: Die natürliche Schwankungsfähigkeit des Sehvermögens leidet oder geht ganz verloren. Dauerbrillenträger bemerken ein Nachlassen ihrer Sehkraft meist erst dann, wenn die Sehschwäche dauerhaft erlebt wird (und lassen sich dann die nächst stärkere Brille verschreiben).

Die Sehkraft stimulieren

Das kommt daher, dass der menschliche Organismus danach strebt, sich aus eigener Kraft möglichst wohl zu fühlen. Schwankt jedoch das Sehvermögen eines fehlsichtigen Menschen, der eine Brille trägt, zum Positiven hin, würde das von seinem Sehsinn (der ja empfindungsfähig und veränderbar ist) als Überkorrektur erlebt und damit als unangenehm empfunden werden. Das kann jeder nachvollziehen, der einmal durch eine zu starke Brille schaut. Der Sehsinn passt sich also an die Glasstärke an und unterdrückt eine mögliche zeitweilige Verbesserung der Sehschärfe. Damit entsteht für den Brillenträger zwar eine stabile Situation: Er sieht mit Brille weitgehend immer gleich scharf – bis eben die nächste Glasstärke gebraucht wird. Dann fängt der Vorgang der Gewöhnung an die neue Brille wieder von vorne an.
Fehlsichtige Augen können wieder lernen, für die kleinen Veränderungen und Schwankungen im Sehen sensibel zu werden, um die Sehfähigkeit aus dem statischen Gleichgewicht, das durch das Sehen mit Brille entsteht, herauszuführen in das dynamische Gleichgewicht des Sehens, wie es ein Auge ohne Sehhilfe erlebt.
Es ist ein schönes Gefühl zu erleben, dass die eigene Sehfähigkeit kein Automat geworden ist, der immer gleich funktioniert. Die Erfahrung von klarerem Sehen, wenn Sie entspannt sind und sich gut fühlen, wenn gute äußere und innere Bedingungen für Ihr Sehen vorhanden sind, zeigt Ihnen, dass Sie auf die Art und Weise Ihres Sehens Einfluss haben.
Sie werden wieder mehr Verantwortung für Ihr Sehen spüren und mit Freuden übernehmen können. Wenn Ihre Sehkraft und Ihre Sehfähigkeit dann einmal nicht so gut sind, werden Sie wissen, dass dieser Zustand vorübergeht, wenn Sie wieder die günstigen Bedingungen herstellen.

Kleiner Aufwand mit großer Wirkung

Beginnen Sie, auf die kleinen Schwankungen und Unterschiede in Ihrem Sehen zu achten und diese zu akzeptieren. Sie sind normal. Sie brauchen nicht bei den ersten Anzeichen einer visuellen Erschöpfung oder Überanstrengung gewohnheitsmäßig eine Brille zu tragen. Eine Brille kann durchaus, am besten natürlich zeitweise und vorübergehend, das Sehen für bestimmte Aufgaben (z. B. Lesen, Autofahren u. Ä.) erleichtern. Ein Besuch beim Augenarzt klärt Sie

über alle feststellbaren und messbaren Fakten Ihrer Sehfähigkeit auf. Dieses Buch und alle anderen Selbsthilfemethoden können das nicht ersetzen. Akzeptieren und lieben Sie Ihre Augen, wie sie sind. Wenn Ihre Augen fehlsichtig geworden sind, dann hat das oft eine lange Geschichte, die nicht einfach rückgängig zu machen ist. Sie können Ihren Augen jedoch innere und äußere Bedingungen – organgemäße Bedingungen – verschaffen, die Ihre Sehkraft wieder verbessern.
Wenn Sie mehr tun möchten, um Ihre Sehfähigkeit zu entwickeln, holen Sie sich Unterstützung in einem Sehschulungskurs oder einer Sehtherapie (eine Kontaktadresse ist im Anhang angegeben).

Oft ist weniger mehr

Bestehen Sie beim Augenarzt auf einer Sehschärfenkorrektur, die Ihren Augen einen Schwankungsspielraum lässt, und tragen Sie sie so wenig wie möglich! Für gewohnheitsmäßige Brillenträger wird das Wechseln zwischen verschiedenen Glasstärken empfohlen (z. B. eine zu 100 Prozent auskorrigierende Brille für außergewöhnliche Sehanforderungen; eine zu 80 Prozent auskorrigierende für durchschnittliche Sehanforderungen; keine Brille in bewussten Seh-Erholungspausen, beim Hobby/Sport, in angenehmer Gesellschaft usw.). Die Prozentangaben beziehen sich auf die Glasstärken für jedes Auge einzeln. Wenn auf Ihrem Brillenrezept z.B. li. – 4/re. – 3 steht, dann hieße das für eine um ca. 20 Prozent unterkorrigierende Brille eine Glasstärke von li. – 3/re. – 2,5. Weitere zusätzliche Korrekturmaßnahmen wie Zylinder oder getönte Gläser lassen Sie für die Übungsbrille am besten ganz weg. Viele Augenärzte sehen das inzwischen ebenso, dass sie den Augen einen kleinen Spielraum lassen. Wenn Sie keinen Augenarzt finden, der Ihnen eine unterkorrigierende Brille verordnet: Besorgen Sie sich selbst eine beim Optiker oder im Versandhandel als Zweitbrille. Ich habe für meine unterkorrigierenden Brillen immer selbst die Glasstärken angegeben und diese Brillen ohne Schwierigkeiten bekommen. Wenn Sie die Möglichkeit haben, beim Optiker auszuprobieren, mit welchen Gläsern Sie am besten beim Umherlaufen und auf der Straße zurechtkommen, dann wählen Sie Ihre Übungsbrille auf diese Weise aus.
Sie sollten das Tragen dieser unterkorrigierenden Brille jedoch unbedingt mit der Durchführung des Übungsprogramms verbinden, denn allein durch das Tragen unterkorrigierender Gläser wird sich die Sehkraft nicht verbessern.
Ein Verzicht auf gewohnheitsmäßiges Brilletragen oder das Tragen einer Übungsbrille heißt auch nicht, die vorhandene Fehlsichtigkeit zu ignorieren. Sie werden weiterhin verantwortungsbewusst mit Ihrem Sehen umgehen. Nur werden Sie bald merken, dass Sie die zu 100 Prozent korrigierende Brille gar nicht immer brauchen (vielleicht nur in wenigen Situationen am Tag), und dass es viele Gelegenheiten gibt, zeitweise ganz auf die Brille zu verzichten bzw. die schwächere Brille zu tragen. Schalten Sie in diesen Zeiten bewusst vom Scharfsehenwollen auf Verschwommensehen dürfen um. Viele Künstler haben sich z. B. bemüht, die Welt so zu sehen, wie Sie sie ohne Brille erleben: weich gezeichnet, impressionistisch, verhüllt, transparent usw.

Mut zur Unschärfe

Entdecken Sie die Ästhetik Ihres verschwommenen Sehens, Ihre eigene visuelle Welt. Stehen Sie dazu. Das erfordert sicher Mut. Etwas in Ihnen wird immer sagen: »Ich bin nicht perfekt.« Aber kennen Sie jemanden, der vollkommen ist, der oder die nicht auch irgendeine Schwachstelle hat?

Wenn Sie Ihre Augen so anzunehmen und zu lieben bereit sind, wie sie sind, mit allen ihren Einschränkungen, geben Sie ihnen die innere Energie, mit der sie am leichtesten ihre größtmögliche Gesundheit und Regeneration erreichen.
Viele Fehlsichtige haben entdeckt, dass sie aus dieser Haltung des liebevollen Annehmens ihrer fehlsichtigen Augen neue, befriedigende, schöne Seherfahrungen, oft auch mit unerwartet klarerem Sehen, erleben können.

Hinweise für das Üben mit den Farbtafeln

Für Kurzsichtige

Wenn Sie kurzsichtig sind, also in der Ferne verschwommener sehen als in der Nähe, ist Ihr Augapfel im Vergleich zum normalsichtigen Auge zu lang geworden.
Sie unterstützen beim Üben mit den Farbtafeln eine weniger kurzsichtige Haltung Ihrer Augen, wenn Sie die Farbe nicht nur mit dem Blick »einsaugen«, sondern sie auch etwas »wegdrücken«: Ihr Auge wird sich um Bruchteile eines Millimeters der Tafel entgegenbewegen.
Es handelt sich bei der Hülle des Augapfels nicht um ein steifes Gefäß (wie der Vergleich mit einer Kamera nahe legt), sondern um ein elastisches Gewebe. Die Augenmuskeln sind kräftig: Es gibt sechs äußere Augenmuskeln, die jeweils ca. viereinhalb Zentimeter lang und fast so dick wie ein kleiner Finger sind. Diese Muskeln können den Augapfel nach allen Seiten, aber auch ein wenig vor und zurück bewegen. Das sanfte Muskeltraining, das die Vorstellung, die Farbe einzuatmen und wegzudrücken, bewirkt, macht den Augapfel ein wenig elastischer und beweglicher.
Ich behaupte nicht, dass die kurzsichtige Form des Auges dadurch dauerhaft verändert wird – aber einer weiteren Verlängerung oder Erstarrung sowie dem kurzsichtigen Muster des Auges wird entgegengewirkt. (Psychologen haben festgestellt, dass kurzsichtige Menschen im Allgemeinen dazu neigen, zurückhaltend zu sein, ihre Gefühle nicht so sehr nach außen zu richten, und dass sie eher in ihrer Innenwelt zu Hause sind.)
Die Fähigkeit, den Blick in die Ferne zu richten, und vor allem die Kraft dafür, wird durch diese Vorstellung ebenfalls angeregt. Um in der Ferne klarer sehen zu können (ohne oder mit unterkorrigierender Brille), muss auch die Aufmerksamkeit in die Ferne gerichtet werden. Das erfordert eine geistige Kraftanstrengung, die Kurzsichtige ohne Brille gar nicht mehr aufbringen (eben weil sie denken, dass sie dort sowieso nicht scharf sehen). Durch das Wegdrücken der Farbe oder Form wird diese geistige Willenskraft trainiert. Ein Zeichen für eine Formveränderung des Augapfels beim Üben mit den Farbtafeln ist das optische Größer- oder Kleinerwerden der Form beim Schauen, als ob diese ein wenig pulsiert.

Für Weitsichtige

Sie sind weitsichtig, wenn Sie in der Ferne besser und klarer sehen als in der Nähe. Ihr Augapfel ist kürzer (oder gedrängter) als bei einem normalsichtigen Auge.
Für Weitsichtige ist die Vorstellung des Einatmens der Farbe besonders wichtig. Ihre Augen sollten sich bequem zurücklehnen können bei der Übung. Hinter den Augen ist in der Augenhöhle noch etwas Platz. Die Augenhöhle ist wie ein Trichter, der bis in die Kopfmitte reicht. Um die Augen herum sind Fettpölsterchen. Die Augenmuskeln können den Augäpfeln helfen, sich dort bequem einzubetten.

Stellen Sie sich vor, dass sich Ihre Augen in den Augenhöhlen zurücklehnen wie in Liegestühle, wenn Sie mit ihnen die Übungen durchführen. Erleben Sie die Farbe als eine angenehme Berührung im Auge selbst, in allen Teilen Ihrer Augen. Laden Sie die Farben ein, näher zu kommen und in die Augen hineinzufließen, sie zu füllen wie ein Gefäß. Stellen Sie sich Ihre Augäpfel mit Farbe prall gefüllt vor.

Für Alterssichtige

Sie sind alterssichtig, wenn die Arme zu kurz werden beim Lesen. Die Muskeln, die Ihre Augenlinsen bewegen, um ihre optische Brechkraft zu verändern, damit Sie in der Ferne und in der Nähe scharf sehen können, schaffen die Arbeit nicht mehr gut, weil die Linse zu starr geworden und damit schwerer zu bewegen ist als eine jugendliche, elastische Linse. Sie brauchen sowohl kräftigere Linsenmuskeln (Ziliarmuskeln) als auch mehr Elastizität der Linse, um weniger alterssichtig zu sein.
Stellen Sie sich beim Üben mit den Farbtafeln vor, dass Sie mit der Form und der Farbe spielen:
Heften Sie Ihren Blick darauf, und versuchen Sie, sie in Ihre Vorstellung mit dem Ein- und Ausatmen vor und zurückzubewegen, hin und her, auf und ab. Entdecken Sie Ihre kindliche Freude an Augenspielen wieder. Lassen Sie Ihre Blicke in der Farbe schwimmen wie in einem Jungbrunnen.

Bei grauem Star

Der graue Star ist eine Linsentrübung. An den Stellen, an denen die Linse Ablagerungen ansammelt, verliert sie ihre Durchsichtigkeit. Die Ansammlungen von Ablagerungen zeigen an, dass der Stoffwechsel des Auges nicht ausreichend funktioniert. Um weitere Ablagerungen in den durchsichtigen Bereichen der Linse zu verhindern, müssen Sie den Stoffwechselprozess Ihrer Augen wieder in Ordnung bringen. Ich empfehle Ihnen Augenbeweglichkeitsübungen, um die Durchblutung der Augenmuskulatur anzuregen (z. B. die Blickpendelübung), stoffwechselanregende Ernährung, eventuell eine Körperentschlackung nach naturärztlichem Rat.
Beim Üben mit den Farbtafeln bewegen Sie den Blick immer zu den Stellen in der Farbe hin, die am klarsten erscheinen. Stellen Sie sich vor, wie die Farbenergie in Ihren Sehzellen und in Ihren Augen eigene Kraftdepots bildet, die in der Lage sind, die Ablagerungen abzutransportieren.
Stellen Sie sich vor, dass Sie die Energie der Farbe in sich hineinfließen lassen, um im Körper solche Energiedepots anzulegen, die Ihrem gesamten Kreislauf und Stoffwechselprozess zugute kommen.

Bei allen Augenerkrankungen

Ergänzend zu Ihren medizinischen Verordnungen stellen Sie sich beim Üben mit den Farbtafeln vor, dass die Farbe wie ein Verband oder eine Salbe die betroffenen Stellen umgibt. Laden Sie sie ein, dort in Ihren Körper hinzufließen, wo sie wirklich gebraucht wird, um die Heilung zu unterstützen oder zu vervollständigen.

Wenn ein Auge schwächer ist als das andere

Wenn ein Auge schwächer ist als das andere (oder anders tätig), besorgen Sie sich in der Apotheke eine Augenklappe. Bedecken Sie vor der Auswahl der Übungsfarbe das sehstärkere Auge. Wählen Sie die Übungsfarbe mit dem schwächeren Auge aus, und praktizieren Sie das Farbenbaden nur mit dem schwächeren Auge. Beim nächsten Mal üben Sie wieder mit beiden Augen gleichzeitig. Jedes zweite Mal, wenn Sie mit den Farbtafeln üben, stärken Sie also nur Ihr schwächeres Auge. Beim darauffolgenden Üben fördern Sie wieder den Austausch und das Zusammenspiel der beiden Augen. Mit der Zeit wird das schwächere Auge sich wieder mehr an das andere angleichen.

Bei schielenden Augen

Bei schielenden Augen stellen Sie zunächst fest, welches Ihr dominantes Auge ist, d. h. das Auge, mit dem Sie bevorzugt fixieren. Betrachten Sie dazu einen Gegenstand, der etwa 40 bis 50 Zentimeter entfernt vor Ihnen steht. Decken Sie schnell hintereinander mit einer Hand ein Auge zu und dann das andere. Ein Auge wird Ihnen dann das Bild eines feststehenden Gegenstands vermitteln, das andere das eines hüpfenden oder springenden Gegenstands. Ihr dominantes Auge ist dasjenige, bei dem der Gegenstand nicht zu springen scheint.

Besorgen Sie sich eine Augenklappe aus der Apotheke. Bedecken Sie das dominante Auge vor der Auswahl der Übungsfarbe mit der Klappe, wählen Sie Ihre Übungsfarbe anhand der Übersichtstafel, und üben Sie nur mit dem schwächeren Auge.

Beim nächsten Mal wählen Sie zunächst jeweils eine Farbe, mit der Ihre Augen einzeln einverstanden sind: Sie bedecken ein Auge mit der Hand oder der Augenklappe und wählen die Farbe, die Ihnen spontan »ins Auge springt«. Dann bedecken Sie das Auge, das gerade gewählt hat, und lassen das andere eine Farbe wählen. Jetzt hat jedes Auge möglicherweise eine andere Farbe gewählt. Wählen Sie nun mit beiden offenen Augen eine dritte Farbe, mit der beide Augen als Kompromiss einverstanden sind. Dies ist jetzt Ihre Übungsfarbe.

Sie üben immer abwechselnd: Einmal stärken Sie das nicht dominante, schwächere Auge, beim nächsten Üben fördern Sie die Kommunikation und die Zusammenarbeit Ihrer beiden Augen miteinander.

Hinweise für Eltern von Kindern mit Sehproblemen

Das in diesem Buch vorgestellte Augenstärkungsprogramm ist für Kinder ab dem Vorschulalter geeignet. Wenn Sie Ihrem Kind helfen möchten, seine Sehkraft zu stärken, bringen Sie ihm spielerisch das Übungsprogramm bei – auch Teile davon oder einzelne Übungen, die ihm Spaß machen könnten. Das ist der einzige Erfolg versprechende Weg, Ihr Kind zu motivieren. Sehen ist etwas sehr Sensibles, Kostbares, Individuelles. Jeder Zwang, zu sehen, wird von Kindern abgelehnt. Auch Augenübungen können als Zwang empfunden werden, wenn das Kind sie machen soll.

Wenn Ihr Kind Freude an dem Augenstärkungsprogramm mit den Farbtafeln und an den Sehübungen findet, dann führen Sie es mit ihm zusammen durch, bis es in der Lage ist, es selbstständig zu praktizieren. Lassen Sie sich berichten, was es bei den einzelnen Übungsschritten, besonders in den Phasen des inneren Sehens, erlebt.

Richtig motivieren

Wenn Ihr Kind eine Brille trägt, regen Sie es dazu an, die Übungen ohne Korrekturgläser zu machen. Lassen Sie ihm nach Möglichkeit im Alltag die Wahl zwischen einer Brille (die Ihr Kind mögen muss) mit etwas schwächeren Gläsern und der, die der Arzt verschrieben hat. Sprechen Sie mit Ihrem Kind über die Erfahrungen, die es beim Sehen mit und ohne Brille macht. Gestatten Sie ihm (oder weisen Sie es darauf hin), wenn nötig die Brille zu tragen, aber ermutigen Sie es, sie so oft wie möglich, besonders bei Spiel und Sport, wegzulassen. Solange Ihr Kind wächst, ist auch die Sehfähigkeit noch nicht ausgewachsen. Sie kann sich zum Positiven hin entwickeln.

Das Wichtigste in der Sehentwicklung Ihres Kindes ist, dass das Kind mit sich selbst, mit seinen Augen und mit seinem Sehen zufrieden und glücklich ist und seine Augen das ausdrücken können. Eine Brille allein bringt die Sehfähigkeit selten ins Gleichgewicht bzw. Ihr Kind in Harmonie mit seinem Sehen.

Hormone spielen eine Rolle

Für eine positive Entwicklung der Sehfähigkeit Ihres Kindes spielt das hormonelle Gleichgewicht eine große Rolle. Einige Forschungen über die Entstehung von Kurzsichtigkeit bei Kindern machen die ungebremste Ausschüttung eines Wachstumshormons über ein bestimmtes Lebensalter hinaus für das übermäßige Längenwachstum des Augapfels mitverantwortlich für die Sehprobleme. Für das Gleichgewicht der Hormone ist die seelische Verfassung des Kindes von großer Bedeutung.

Kritische Lebensabschnitte, in denen viele Kinder fehlsichtig werden, sind die Zeiten um das 7. und das 14. Lebensjahr herum, in denen wichtige Wachstumsschritte und Reifeprozesse geschehen: Schuleintritt und Pubertät sind die herausragenden Ereignisse dieser Lebensphasen. Damit gehen Veränderungen im Selbstbild und im Bild von der Welt einher. Wenn das Sehen von Innen- und Außenwelt zu sehr auseinander fällt, kann diese Spannung auch in der kindlichen Sehfähigkeit zum Ausdruck kommen und sich als Sehproblem äußern. Eine Brille löst diese Spannung nicht, sondern fixiert das Sehproblem, und wenn das Tragen der Brille zur Gewohnheit wird, wird das Kind von der Brille abhängig.

Der richtige Blickkontakt

Auch Blickkontakt ist eine starke Energie. Um die Kraft in Ihrem Blick zu testen, machen Sie einmal folgende Übung: Stellen Sie sich entspannt aufrecht hin, und lassen Sie Ihre Schultern und Arme hängen. Blicken Sie eine Weile in Ihre rechte Handfläche. Strecken Sie dann beide Arme auf Schulterhöhe aus, und vergleichen Sie, welcher Arm länger ist.

Sie sollten sich dieser Kraft im Blick bewusst sein, wenn Sie Ihr Kind anschauen. Schauen Sie es mit einer Haltung an, dass Sie ihm im Blickkontakt vermitteln, dass es so, wie es ist, in Ordnung ist und von Ihnen geliebt wird. Sehen Sie Ihr Kind mit der Gewissheit an, dass es ein eigenständiger Mensch ist und alles, was es zum Leben, zum Sehen und zum Zurechtfinden in der Welt braucht, in sich trägt. Dazu müssen Sie selbst zu dieser Haltung finden. Tragen Sie keine Schuldgefühle wegen eines möglichen Sehfehlers Ihres Kindes mit sich herum.

Geben Sie Ihrem Kind das Gefühl, mit seinem Sehen, wie es ist, »ganz« zu sein, und lassen Sie es kindliche Freude an seinem Sehen erleben.

Teilen Sie diese Freude. Das gemeinsame Üben mit den Farbtafeln ist eine gute Gelegenheit dazu. Wenn Sie mehr für die Sehfähigkeit Ihres Kindes tun möchten, erkundigen Sie sich nach ganzheitlich eingestellten Sehlehrern oder -therapeuten, die auch mit Kindern arbeiten.

Empfehlungen für die Arbeit am Bildschirm

Bildschirmarbeit stellt besondere Anforderungen an die menschliche Sehleistung: Auf einer bildschirmgroßen, zweidimensionalen, selbstleuchtenden Fläche innerhalb des Gesichtsfelds sind sehr viele visuelle Informationen konzentriert. Um diese voneinander zu unterscheiden und zu erkennen, ist vor allem die zentrale Seheinstellung, eine Vielzahl schneller, kleiner Blickbewegungen und eine große innere Aufmerksamkeit notwendig. Dagegen sind

räumliches Sehen, peripheres Sehen, frei fließende Kopf- und Augenbeweglichkeit im gesamten Gesichtsfeld und vielfältige Nah-Fern-Einstellungen des Auges nicht erforderlich.
Diese natürlichen Sehfunktionen werden, da nicht notwendig vom Auge auch nicht ausgeführt. Jede Einschränkung einer natürlichen Funktion bringt aber auf Dauer Probleme mit sich. Typisch für die Arbeit am Bildschirm ist, dass das Auge mehr Zeit benötigt, um Information zu erkennen als z. B. von einer gedruckten Vorlage. Dies wird auf bildschirmspezifische Irritationen, also Flimmern, Spiegelungen, schwachen Kontrast usw. zurückgeführt. Hier versuchen die Hersteller von Monitoren durch Erhöhung der Flimmerfrequenz, Entspiegelung und Verbesserung der Hintergrundbeleuchtung Abhilfe zu schaffen.

Unausgewogene Reize

Vom energetischen Gesichtspunkt aus gesehen, wird die Netzhaut jedes Auges bei der Arbeit an einem Computermonitor auf einer relativ kleinen, zentralen Fläche sehr stark durch eine (bei Farbmonitoren mehrere) gleichbleibende, monochromatische äußere Licht- bzw. Farbenergie gereizt. Die Sehzellen im gesamten Umfeld werden dagegen weit weniger aktiviert: Dort ist weniger äußere Energie (Licht- und Kontrastwirkung) und weniger innere Energie (Interesse, Aufmerksamkeit) konzentriert.
Die Zusammenarbeit zwischen den Sehzellen in der Peripherie und denen im Zentrum wird stark eingeschränkt. In der Folge wird im inneren Bereich der Netzhaut sehr viel visuelle Energie produziert, solange auch von innen die Energie dafür vom Körper bereitgestellt wird. Mangelnde Durchblutung des Sehorganismus durch starre Körperhaltung kann das aber ebenso wie nachlassende Aufmerksamkeit oder mechanische Verrichtung der Arbeit ohne wirkliches Interesse verhindern. In diesem Fall führt der äußere Energieimpuls nicht automatisch zur Bildung von mehr Sehkraft, vielmehr wird das Auge unempfindlicher gegen den Reiz.
Zu unerwünschten Nachbildern (mit der Blickbewegung im Gesichtsfeld mitziehende Farb- bzw. Leuchtpunkte oder -flächen) kommt es, wenn die Sehzellen den äußeren intensiven Farb- oder Lichtreiz als Anlass nehmen, um kräftig körpereigene Energie zur Bildung von Sehfarbstoff anzufordern. Dann wird der Sehfarbstoff offensichtlich im Überfluss gebildet: mehr, als in den Sehbahnen – zur Informationsübermittlung für die weiterverarbeitenden Sehzentren im Gehirn benötigt wird. Das Nachbildleuchten ist der sichtbare Ausdruck nicht verwerteter visueller Energie in den Sehbahnen zu viel Sehkraft, die keine Verwendung findet.
Der Teil der im zentralen Sehfeld gebildeten Sehkraft, der nicht in den weiterverarbeitenden Schaltzentren des Sehsinns gebraucht wird, zirkuliert in den Sehbahnen und wird auf das außen gesehene Bild zurück projiziert. Diese überschüssige oder nicht verwertete, durch die Strahlkraft des Monitors gebildete Sehkraft irritiert den Betrachter und erschwert die weitere Informationsaufnahme.

Die Bedeutung von polychromatischen Farben

Das Auge hat sich im Lauf der Evolution im Menschen gebildet, damit er seine Umgebung erkennen kann. Diese Umgebung war bis in die Zeit vor der Erfindung künstlicher Lichtquellen und Chemiefarben von polychromatischem Licht und polychromatischen Farben in einer Vielzahl von Nuancen und Abstufungen geprägt. Deshalb lebt das Auge am besten, wenn es von polychromatischem Licht und polychromatischen Farben in vielerlei Abstufungen und Nuancen erregt wird. Monochromatische Beleuchtung und Farben mit immer gleichbleibenden Wellenlängen – wie üblicherweise von Bildschirmen ausgehend – sind der Natur des menschlichen Sehens nicht angemessen. Sie strengen des Sehen auf Dauer extrem an.

Brennende Augen sind oft Folge eines angestrengten Sehens mit hohem Energieaufwand der Augen. Angestrengte Augen blinzeln weniger, dadurch wird die Hornhaut nicht ausreichend befeuchtet, und dieser Mangel macht sich als Brennen bemerkbar.

Viele Bildschirmarbeitende klagen über Doppelbilder. Doppelbilder sind die Folge einer Erlahmung der Fusionstätigkeit, des Verschmelzens der von jedem Auge einzeln empfangenen Bilder im Gehirn. Die Fusionstätigkeit ist eine »Erfindung« des menschlichen Sehens, um einen möglichst räumlichen Seheindruck zu erzielen. Dies ist bei der Bildschirmarbeit unnötig, da die Information nicht räumlich, sondern flach abgebildet wird.

Augenschule bei Bildschirmarbeit

Das Institut für Sehtraining führt im Rahmen der betrieblichen Gesundheitsförderung Kurse für Mitarbeiterinnen und Mitarbeiter an Bildschirmarbeitsplätzen durch. Im Rahmen des vom BMFT geförderten Forschungsprojekts »Arbeit und Sehen« wurden unter Mitwirkung von Wolfgang Hätscher-Rosenbauer tätigkeitsbezogene Präventionsprogramme entwickelt und erfolgreich erprobt. Interessierte Firmen und Institutionen können kostenlos Informationen anfordern:

IST – Institut für Sehtraining
Obergasse 16
61118 Bad Vilbel
(Bitte Rückporto beifügen)

Empfehlung für das Üben mit den Farbtafeln

Als Ausgleich für die Einschränkung des Gesichtsfelds und der Bewegungen in die Nähe und in die Ferne bei der Bildschirmarbeit empfehle ich Ihnen die Übungen »Zwischen die Hände schauen« und »Blickpendeln«. Für die Gestaltung Ihres Bildschirmarbeitsplatzes schlage ich Ihnen vor, dass Sie ihn schön gestalten, mit lebendigen Farben auf dem Tisch und an der Wand, z. B. Blumen und Bilder. Auf einer Kraftfahrzeugzulassungsstelle habe ich gesehen, wie die Frauen, die dort am Bildschirm die Daten einzugeben hatten, auf ihren Monitoren kleine Kuscheltiere, Schmetterlinge und ähnliche »Blickfänger« angebracht hatten. Auch wenn solche schönen Dinge immer nur beiläufig und im peripheren Blickfeld gesehen werden, sind sie für das Auge eine Quelle von Freude und visueller Abwechslung.

Wenn Sie die Möglichkeit haben, in einer der vorgeschriebenen Pausen mit den Farbtafeln zu üben, wählen Sie als Übungsfarbe die Kontrastfarbe des Bildschirmhintergrunds.

Bei einem Schwarzweißmonitor wählen Sie die Übungsfarbe, die Ihren Augen angenehm ist, im Zweifelsfall Grün. Bei längerer Bildschirmtätigkeit erfrischen Sie Ihre Augen nach Möglichkeit jede Stunde einmal mit einem Farbenbad. Wenn Ihnen die Zeit für einen kompletten Durchgang fehlt, üben Sie zumindest mit den ersten drei Tafeln des Übungszyklus (Übungsfarbe – Kontrastfarbe – Übungsfarbe) und einem kurzen Abschirmen der Augen mit den Händen am Schluss. Das erfordert nicht mehr als fünf Minuten Zeit, und Sie werden anschließend auch geistig frischer sein.

Anhang

Therapeutische Wirkungen und Qualitäten der Farben

Ich führe im Folgenden einige Wirkungen und Qualitäten bestimmter Farben an, wie sie zum einen von verschiedenen Farbenlehrern und -therapeuten dargestellt, zum anderen von Kursteilnehmern mit den Farbtafeln erlebt wurden. Da die seelische, körperliche und geistige Innenwelt eines Menschen bestimmten allgemeinen Mustern und Gesetzmäßigkeiten unterliegt (die bei weitem noch nicht alle erforscht sind), lassen sich durchaus allgemeine Angaben über die Wirkung bestimmter Farben machen.
Dennoch können Farben im Augenblick ganz individuell und auch abweichend, ja sogar gegensätzlich erlebt werden. Eine Auswahl verwendeter und weiterführender Literaturhinweise finden Sie im Literaturverzeichnis.

Rot

Theo Gimbel (Farbtherapeut): anregend, aufregend, lebendig, aktiv; unterstützt die Einatmung; beschleunigt die Körperrhythmen; zentriert; unterstützt das Selbstbewusstsein.

Goethe (Farbforscher und -genießer): »Die aktive Seite ist hier (...) in ihrer höchsten Energie. Starrt man sie an, so scheint sich die Farbe ins Organ zu bohren.«

Max Lüscher (Farbpsychologe): bewirkt Erregung; regt Aktivsein an; gibt Selbstvertrauen (Eigenkraftgefühl).

Darius Dinshah (Farbheiler): regt das sensorische Nervensystem an, das die fünf Sinnesorgane aktiviert; baut die Leber auf, regt diese an; bildet Blutplättchen und Blutfarbstoff; sorgt für rasche Austreibung der Gewebezerfallstoffe durch die Haut.

Aus Übungsberichten: Rot (Sternform): »Wird in meiner Wahrnehmung plastisch und wirkt wie ein hängender Mann.« (Ute)
»Bei dem roten Quadrat ist das Nachleuchten stärker als bei dem blauen Stern. Meine Augen entspannen sich im Verlauf der Übung. Der Kontrast zum Hintergrund wird intensiver. Entspannen sich meine Augen weiter, so teilt sich das Bild. Ich sehe dann zwei Quadrate. Durch Konzentration hebe ich diesen Zustand wieder auf.« (Franz)

Orange

Theo Gimbel: fröhlich, licht, lustvoll; für Menschen, die Freude und Leichtigkeit brauchen; öffnet das Denken.

Goethe: »Das Rotgelbe gibt dem Auge das Gefühl von Wärme und Wonne.«

Darius Dinshah: baut die Lunge auf, regt Atmung und Schilddrüse an; löst Krämpfe; bildet Knochensubstanz; regt die Gewebebildung an.

Aus Übungsberichten: »Ich wähle Orange aus dem Gefühl heraus: Ich brauche heute Energie – bloß keine gedämpften, dunklen Farben!« (Tina)

Gelb

Theo Gimbel: loslösend, raumöffnend; Befreiung von Zwängen; gut für Menschen, die allein sein wollen und können; trennt Denken vom Handeln.

Goethe: »… besitzt eine heitere, muntere, sanft reizende Eigenschaft; hat einen erwärmenden Effekt. Das Auge wird erfreut, das Herz ausgedehnt, das Gemüt erheitert, eine unmittelbare Wärme scheint uns anzuwehen.«

Andree Schlemmer (Farbkünstlerin/-lehrerin): Gelb reizt uns, erweckt Lust nach Freiheit, öffnet etwas vor uns, in uns. Aber was?

Max Lüscher: bewirkt Lösung; regt Veränderungsvermögen an; führt zur Selbstentfaltung.

Darius Dinshah: aktiviert das motorische Nervensystem und die Muskeln; baut Nerven auf; regt das lymphatische System, den Darmtrakt und die Bauchspeicheldrüse an; verdauungsfördernd, gemütsaufhellend.

Aus Übungsberichten: »Bei der gelben Farbe durfte ich einmal ein ganz tiefes Gefühl von Freude erleben, ein Gefühl des Offen- und Weitwerdens. Es sind nur Sekundenbruchteile, und es passiert nur, wenn ich allein bin – aber ich empfinde es als Anfang, und ich bin dankbar dafür.« (Waltraud)
»Ich schaute in den gelben Stern und bemühte mich um Aufnahme der Farbenergie. Das scheint mir dann ausnahmsweise gelungen zu sein, denn plötzlich fühlte ich mich heiter, fast high [ohne Drogen].« (Marlene)
»Ich erlebe Gelb wie die Sonne als sehr wohltuend: Fließen, Heilen, Fülle und Wärme. Sternform: Ich schaue in das Zentrum des Sternbilds und erlebe mein Sehen mit meinem Auge und innen als wohltuendes Fließen, Hinausströmen, durch die Spitzen des Sterns als Unendlichkeit; ein weites, befreiendes Atmen, ein liebevolles, weites Gefühl.« (Elke)
»Habe die Farbe diesmal so richtig in den Augen ankommen lassen, so, als ob sie vom Papier aus da direkt hineinstrahlen würde. Das war ein völlig anderes Gefühl, als wenn ich sie (von mir aus) betrachte.« (Tina)

Grün

Theo Gimbel: bringt Bewegung zur Ruhe; hält stabil und ausgeglichen; körperliches Gleichgewicht.

Goethe: »Das Auge findet in dieser Farbe eine reale Befriedigung. Man will nicht weiter, kann nicht weiter.«

Max Lüscher: bewirkt Festigkeit; regt Beharrungsvermögen an; führt zu Selbstachtung.

Darius Dinshah: Grün ist die physische Balancefarbe und erzeugt körperliches Gleichgewicht; regt die Hirnanhangsdrüse, die Muskel- und Gewebeneubildung an; ausgleichschaffend; zerstört Krankheitskeime und Bakterien; reinigend und zerfallverhindernd.

Aus Übungsberichten: »Grün: für mich Natur – beruhigend – Fließen.« (Elke)
»Der grüne Kreis wurde kürzlich beim Anschauen und Einatmen immer größer, so dass er das ganze Blatt ausfüllte. Und dann hatte ich gar kein Nachbild. War alle Energie schon beim Anschauen in die Größenwahrnehmung geflossen?« (anonym)
»Grün-Magenta: Diese Kombination macht mich aggressiv. Sie führt manchmal zu kleinen Stichen ins Herz. Ich war jahrelang in einem Büro mit Türen und Teppichböden mit genau diesem Grün.« (Clemens)

Türkis

Theo Gimbel: Die Farbe eines klaren, frischen Morgens. Sie unterstützt die Klärung, stärkt die Abwehrkraft und beruhigt. Ihre therapeutische Wirkung ist entzündungshemmend und nervenberuhigend.

Howard und Dorothy Sun: Das frische Türkis gibt uns die Möglichkeit zur Veränderung bis hin zur Transformation auf höchster Ebene. Es lindert Stresssymptome und Spannungen und hilft, Schlacken und toxische Ablagerungen auszuscheiden.

Dr. med. Dietrich Klingenhardt: Türkis hilft, in Kontakt mit den Körpergefühlen zu kommen und unterstützt die autonome Selbstregulation von Atemtiefe, Herzschlagrate und Körpertemperatur.

Aus Übungsberichten: »Türkis hat mich kribbelig gemacht: Ich wollte was tun, mich bewegen, vor allem meinen Körper, seine Bewegungen, spüren.« (anonym)

Blau

Theo Gimbel: entspannend; vermittelt ein Gefühl für Raumbegrenzung; unterstützt die Ausatmung; löst Spannungen; lädt den Körper mit Energie auf.

Goethe: »Diese Farbe macht für das Auge eine sonderbare und fast unaussprechliche Wirkung. Sie ist als Farbe eine Energie, . . . in ihrer höchsten Reinheit gleichsam ein reizendes Nichts. Es ist etwas Widersprechendes von Reiz und Ruhe im Anblick . . . eine blaue Fläche (scheint) vor uns zurückzuweichen . . . so sehen wir das Blaue gern an, nicht weil es auf uns dringt, sondern weil es uns nach sich zieht. Das Blaue gibt uns ein Gefühl von Kälte, so wie es uns auch an Schatten erinnert.«

Andree Schlemmer: Blau richtet uns physisch wieder auf. Blau führt uns zu unserem Wesen zurück, nicht zu unseren Rollen.

Max Lüscher: bewirkt Ruhe; regt Befriedigtsein an, führt zu Zufriedenheit.

Darius Dinshah: wirkt beruhigend; mäßigt und beseitigt Fieber und Entzündungen im Körper; regt die Zirbeldrüse an; macht vital; stärkt allgemein die Lebenskraft.

Aus Übungsberichten: »Das Blau nervt mich. Entsprechend blass sind die Nachbilder, sie sind auch sehr schnell wieder verschwunden.« (Tina)
»Die blaue Farbe wirkt auf mich wohltuend, geistig abklärend.« (Clemens)

Violett

Theo Gimbel: fördert das innere Gleichgewicht, fördert Ehrfurcht, Ruhe, Friedfertigkeit; erweitert die Persönlichkeit; beruhigt den Körper; gleicht den Geist aus.

Goethe: »Man wünscht mit dieser Farbe immer fortzugehen, . . . (um) einen Punkt zu finden, wo man ausruhen könnte.«

Darius Dinshah: verringert die Muskelaktivität, das Herz eingeschlossen; verringert die Aktivität des Nervensystems; wirkt beruhigend; baut die Milz auf, regt diese an; fördert die Bildung von weißen Blutkörperchen.

Aus Übungsberichten: »Violett: Als ich mich auf die Farbe eingelassen habe, wechselte die Farbtiefe wie bei einer Wolke. Ich fand das eine besondere Erfahrung, weil nichts bleibt, wie es ist, sich alles verändert.« (anonym)

Magenta

Theo Gimbel: regt an; bringt mit innerem Reichtum in Kontakt; vermittelt ein Gefühl für Würde und Selbstbewusstsein.

Goethe (Purpur-Magenta): »Die höchste aller Farbenerscheinungen, (...) eine eigentliche Beruhigung, eine ideale Befriedigung. Sie gibt einen Eindruck sowohl von Ernst und Würde als von Huld und Anmut.«

Darius Dinshah: Magenta ist die Verbindung und gleichzeitige Nutzung beider Enden des Spektrums, woraus das Vermögen zur Schaffung von Gleichgewicht resultiert; wirkt ausgleichend im Affekt- und Gefühlsbereich; aurastärkend; stärkend und harmonisierend für Herz, Blutkreislauf, Nieren und Nebennieren, Fortpflanzungssystem.

Die Bedeutung der den Farben zugeordneten Formen

Das den Augenstärkungstafeln zugrunde liegende farbtherapeutische System wurde von einem der führenden Farbtherapeuten, Theophilus Gimbel, entwickelt. Die acht speziellen Formen, die er für die acht Therapietafeln auswählte, unterstützen die Wirkung der jeweiligen Farbe, so dass sich die Farbe durch diese Form intensiver ausdrücken kann. Sie entstammen der Heiligen Geometrie.

Jeder Form entspricht eine Komplementärform, die jeweils zugleich der Komplementärfarbe zugeordnet ist. Die der Übungsfarbe zugeordnete Form wird Gefäß- oder Behälterform genannt, die der Komplementärfarbe zugeordnete Form als Inhalts- bzw. Sternform bezeichnet.

Da Farben in ihrer individuellen Energiewirkung eher die rechte und Formen eher die linke Gehirnhälfte ansprechen, werden durch die gleichzeitige Verwendung von Farbe und Form beide Gehirnhälften zur gleichen Zeit angesprochen und aktiviert. Dadurch wird die ganzheitliche Wirkung beim Üben ungemein verstärkt.

Im Folgenden zitiere ich Theo Gimbel und seine nähere Analyse von Form und Farbe nach einem Artikel in der Zeitschrift »Wege« vom Mai 1995.

Tafelsatz 1, Rot – das Quadrat

Der 90-Grad-Winkel ist der Winkel der Logik, der Sicherheit und der Orientierung. Die Zahl vier steht auch für die Richtungen des Himmels: Norden, Osten, Süden, Westen. Wenn wir das Quadrat und die Farbe Rot zusammenfügen, erhalten wir einen stärkenden und festigenden Eindruck.

Tafelsatz 2, Orange – der Diamant

Das Parallelogramm (der Diamant) wird von zwei gleichseitigen Dreiecken gebildet, eines nach oben gewandt, eines nach unten. Diese Form ermahnt den Betrachter, Balance zu halten. Der Diamant steht auf einem 60-Grad-Winkel. Dieser steht für die Herausforderung und ist »männlich«. Die 120-Grad-Winkel an den Seiten sind »weiblich« und der Intuition zugeordnet. Wir können daher sagen, dass das »Männliche« herausgefordert ist und Entspannung in der Kommunikation mit der »weiblichen« Energie sucht. Orange in Verbindung mit der Form des Diamanten stellt Freude in der Bewegung, im Tanz, dar.

Tafelsatz 3, Gelb – das aufrechte Dreieck

Das aufrechte Dreieck hat drei 60-Grad-Winkel. Es betont die »männliche« Qualität des Zielstrebigen. Es sagt: »Erhebe dich.«

Tafelsatz 4, Grün – der Kreis

Die Form dirigiert nicht, sondern hält dich im Zentrum. Der Kreis ist Repräsentant des Unendlichen. Der komplementäre achteckige Stern drückt Vollständigkeit aus. Mit seiner komplementären Farbe Magenta sagt er: »Sei einfach nur, es ist vollständig.«

Tafelsatz 5, Türkis – das auf der Spitze stehende Dreieck

Wenn wir das gleichseitige, aufrecht stehende Dreieck umdrehen, hat es seine Basis in der Region des Geists. Diese Form enthält den Wunsch, die lebendigen, heilenden Energien in die manifestierte Welt zu tragen. Dieses Dreieck will absteigen, um absolute Vollkommenheit zu erschaffen, so dass alles integriert und in Balance ist.

Tafelsatz 6, Blau – der Kelch

Diese Form hat die Bedeutung einer empfangenden Schale. Diese empfängt von oben Energie, die sie friedlich in sich hält und bewahrt. In der Trapezform ist es auch bereit, seine Energie zu teilen. Seine Winkel sind nahe der »männlichen« 60 Grad und der »weiblichen« 120 Grad.

Tafelsatz 7, Violett – das auf der Spitze stehende Pentagon

Das auf der Spitze stehende Pentagon ist die Form des lebendigen Äthers, der nach absoluter Vollkommenheit strebt und die Farbe Violett trägt. Die Winkel haben 72 Grad. Diese Zahl entspricht dem durchschnittlichen Puls eines Erwachsenen in der Entspannung.

Tafelsatz 8, Magenta – das aufrecht stehende Pentagon

Diese Form ist die Verbindung der (blauen) Schale (Tafelsatz 6, Seite 71) und des aufrechten (gelben) Dreiecks (Tafelsatz 3, Seite 70) und ähnelt auch sehr einer Krone. Die Form gestattet uns, unseren Eigenwillen loszulassen, damit das höhere Selbst uns leiten kann. Die Komplementärform (das Pentagramm) repräsentiert eine sich öffnende Blüte: die Würde, zu empfangen.

Beispiele aus den Übungsberichten

Lebendiges Sehen wird individuell erlebt. Je mehr »Innenwelt« am Sehvorgang beteiligt ist, umso mehr Sehkraft entsteht. Um Ihnen die Vielfalt und Vielschichtigkeit individuellen Erlebens der lebendigen Sehfähigkeit von Normalsichtigen und fehlsichtig gewordenen Menschen in Verbindung mit den Farbtafeln zu schildern, könnte man ein ganzes Buch mit Erfahrungsberichten füllen. Hier eine kleine Auswahl. Lassen Sie sich von den geschilderten Erfahrungen und Erfolgen nicht gefangen nehmen: Jede und jeder hat ihr/sein individuelles kleines oder großes Erfolgserlebnis, früher oder später.

Maria

Meine Erfahrungen mit den Farbtafeln:
Tageszeit: wechselnd, nach Laune, eher am Wochenende, tagsüber bei Sonnenschein, kaum abends.
Umgebung: bisher immer zu Hause, in der Nähe des Fensters, bei sehr viel Licht oder Sonne, die auf die Tafel fällt.
Einstimmung: etwas Nacken- oder Kopflockerung.
Farbwahl: Teilweise habe ich die Farben der Reihenfolge nach durchgemacht (täglich eine); ansonsten spontan, welche mich anspricht, welche ich brauche.
Kontakt zur Farbe: meist sehr intensiv, besonders zu der, die mich angezogen hat; ich habe oft das Gefühl, die Farbe aufgesaugt zu haben.
Form: Im Kontakt mit Farbe und Form habe ich die Gefäßform sehr viel lieber, kann mich hier besser »niederlassen«, eintauchen, ausruhen. Spannender und für die Augen interessanter sind jedoch die Nachbilder bei der Sternform.
Veränderungen beim Sehen: Ich habe manchmal das Gefühl, über das Kribbeln, Pulsieren usw. sehr viel

Spannung aus den Augen herauszulassen und sie gleichzeitig mit neuer Energie zu versorgen; pulsierendes Fließen, prickelnd.
Sättigung der Augen: Sie kribbeln, prickeln, pulsieren – manchmal auch unterschiedlich, eines mehr als das andere; ich entscheide nach Gefühl, ob es genug ist oder das andere Auge noch mehr braucht.
Leere weiße Fläche: nimmt auf, was mein Blick abgibt. Sie ist während des Nachbilds (immer in der Kontrastfarbe) nicht weiß, sondern grau oder hell in der Farbe, die ich gerade angeschaut habe, und wird dann mit dem Verschwinden des Nachbilds weiß.
Nachbilder: Anfangs sehe ich immer die gleiche Form in der Kontrastfarbe, neonartig. Ich habe noch nie erlebt, dass kein Nachbild gekommen wäre. Die Dauer wechselt aber: manchmal kurz, manchmal länger. Auch nach dem Verschwinden des Nachbilds kann die weiße Fläche noch in Bewegung sein, so, als ob eine Folie auf ihr wäre, die sich bewegt, ähnlich wie eine Wasseroberfläche.
Veränderungen während der Sequenz: Das zweite Mal bei derselben Farbe brauche ich meist weniger Zeit, um »aufzuladen« und loszulassen; da ist schon ein Grundstock da, auf dem wieder aufgebaut wird.
Abschirmen: Ich genieße es, dabei die Farben noch einmal zu imaginieren. Ich habe dabei nicht den Eindruck, dass die Form noch wichtig wäre, nur die Farbe. Es ist spannend, damit in der Imaginationsübung einen Raum einzurichten. Ich habe dabei schon sehr viel gesehen: Säulen, Vorhänge, Teppiche, Schlangen, Rauchschwaden. Seidentücher, Schmetterlingsflügel, Pyramiden, Kugeln . . . Das regt meine Phantasie an. Manchmal kann ich diesen Raum sogar in meinem Körper ansiedeln.
Anschließend sind meine Augen feucht, angeregt, energetisiert; meist fühlt sich auch meine Nase gereinigt an. Mein Sehen hat sich in Bezug auf Farben sensibilisiert. Ich sehe oft Farben, Blumen usw. bewusster, intensiver, stärker. Ich genieße es, meinen Blick auf die Farben in meiner Umgebung (Kleidung usw.) zu richten. Die Farbtafeln machen mir sehr viel Spaß, haben für mich sehr wenig mit »Üben« zu tun, mehr mit Freude am Sehen!

Hannelore

Zunächst ist für mich gutes Licht ganz wichtig. War das Licht diffus oder waren die Tafeln nicht richtig ausgeleuchtet, wurde ich nervös, war frustriert und hatte auch keine Nachbilder. Am liebsten hätte ich sie in irgendeine Ecke geworfen, weil ich so enttäuscht war. Das Auftanken der Farbe gelang mir am mühelosesten, wenn ich den Blick weich in der Mitte zentrierte und ihn zu den Seiten hin ausstrahlen ließ.
Die Farben habe ich der Reihe nach durchgearbeitet, weil ich mich nicht von einer Farbe besonders angezogen fühlte. Ich kann mich erinnern, dass ich beim ersten Mal, als ich den grünen Kreis zum Üben wählte, diesen als Kugel gesehen habe, und dass mich diese Erfahrung glücklich gemacht hat. Ich war hingerissen, dass aus einem Kreis eine Kugel wurde.
Nachdem ich mich schon einige Zeit mit den Farbtafeln beschäftigt hatte, stellte ich für mich fest, dass ich gar nicht so sehr die Farbe mit den Augen aufnehme, sondern dass die Farbe durch mein Atmen durch meine Augen und meine Haut (auch die Ohren) in meinen Körper, speziell in den Brustbereich aufgenommen wurde. Das Gefühl, zu spüren, dass ich mit meinem ganzen Körper sehe, war ganz einfach überwältigend. Es ist toll zu erkennen, dass in jedem Teil meines Körpers auch die Anlage enthalten ist, zu sehen. Indem ich dies schreibe, begeistere ich mich in der Erinnerung daran und werde mir wohl morgen wieder eine Wohltat genehmigen, indem ich mir eine Farbtafel anschaue.

Bei verschiedenen Farben erlebte ich sehr unterschiedliche Gefühle. Beim Betrachten des roten Sterns bekam ich recht angenehme erotische Gefühle, die allmählich wieder – ich muss das so sagen – in die Farbe zurückgingen, und ein Gefühl von Ausgefülltsein machte sich in mir breit. Ich denke, dass der graue Schleier, der mich so oft umgab, auch durch die Tafeln verschwunden ist.

Günther

Ich erlebe einen Tränenfluss beim Üben. Der Abstand zu den Tafeln ist wichtig für mich. Ich brauche sie sehr nahe (ca. 20 Zentimeter). Ich hatte die Befürchtung, dass es sehr anstrengend wird mit dem Üben. Da sagte ich mir: »Versuche es doch locker zu machen!«. Also sah ich die Farben nur sehr kurz an, und trotzdem, oder gerade erst dadurch, kamen intensivere Nachbilder. Wichtig ist für mich, dass ich beim Wechsel zur leeren Fläche einen Moment die Augen schließe, dann erst das Nachbild abstrahlen lasse.

Elke

Zur Kontrolle war ich heute beim Augenarzt, der überrascht war, dass die Entzündungen in meinen Augen wesentlich zurückgegangen sind. Er war erstaunt, dass ich heller, klarer und mehr sehen kann. Außerdem hatte ich Augendruck 16 – vorher monatelang 20 – 22. Er sagte zu mir: »Das Auge sieht gut aus, machen Sie weiter so, so etwas müssten Sie öfter machen« – und alles in so kurzer Zeit. Ja, ich sehe immer noch klarer und bin froh und dankbar über diese Fülle, die ich wieder mehr spüren und sehen kann.

Ursula

Mein Leben ist um einiges spannender geworden seit dem Kurs. Der Tag nach dem Kurs in meiner gewohnten Umgebung war ein richtiges Fest, an dem ich alles um mich herum neu entdeckte. Ich sehe neu, anders und besser. Ich habe seit einer Woche keine Brille getragen. Ich mache viele Beobachtungen, u. a. fällt mir auf, dass viele Leute eine Brille tragen und wie das »Einandersehen« dadurch erschwert wird.

Andrea

Wesentlich war für mich die Erfahrung, dass die Intensität des Farben- und Formensehens in den alltäglichen Umgebungen von einer inneren Sehqualität abhängt, die von der Umwelt relativ unabhängig ist. Das Bewusstsein, dass es möglich ist, die Sehkraft zu beeinflussen, machte mich hoffnungsvoll und kräftiger. Die Farbschauübung hat für mich eine unmittelbare Wirkung von Erfrischung, Belebung und klarerem Sehen. Besonders gut ist für mich die Arbeit mit ihnen, wenn äußerlich oder innerlich ein »grauer« Zustand dominiert, wenn Gedanken, Gefühle und Körperempfindungen auf Sparflamme laufen und wenn es darum geht, diesen Zustand zurückzulassen.

Clemens

Besonders angenehm finde ich nach einer Farbenkur, dass mir die Welt viel farbiger vorkommt, ich die einzelnen Gegenstände besser durch die Farben voneinander abgrenzen kann.

Christiane

Ein persönliches Erlebnis mit den Farbtafeln war für mich die Wahrnehmung meiner inneren Unruhe.

Wie werden Nachbildfarben erlebt?

Dorothea

Beim Üben faszinierten mich bald die herrlichen Nachbildfarben. Sie sind so feinstofflich, selbstleuchtend und nach regelmäßigen Übungsphasen besonders farbintensiv, scharf abgegrenzt und in sich sogar noch leicht meliert, so als könnte ich die einzelnen Farbpigmente sehen. Das Phänomen des Verschwindens dieses Farbeindrucks motiviert mich, mir beim nächsten Üben diesen Augenschmaus wieder zu verschaffen.

Clemens

Beim Imaginieren, das ich erst nach einem kompletten Durchgang vornehme, bekomme ich eine tolle Form von Heimkino. Nach ca. ein bis zwei Minuten tauchen wie auf einer Leinwand die Formen auf. Es ist, als laufen hinter einem Scheinwerfer immer verschiedene Farben durch, Farben, die eine enorme Qualität und Leuchtkraft haben. An dieser Stelle schießen mir manchmal Tränentropfen in die Augen. Am Ende löst sich die Leinwand langsam auf, und es wird mir allmählich schwarz vor Augen. Dahinter strahlen kleine dunkellila Sterne, wie bei einem schönen Abendhimmel. Tiefer Friede durchzieht meine Seele, und ich fühle mich mit allem eins.

Übertragung des Farberlebens mit den Tafeln ins alltägliche Sehen

Margit

Gerade im Sommer übte ich lieber mit den Farbfiguren draußen: leuchtend farbige Blüten, Blätter, Bäume, Schilder . . ., die ich in derselben Weise anschaute, dann eine Wand, die Straße oder den Himmel betrachtete. Dann tauchten die Nachbilder auf, und die Blüten schienen von innen heraus zu leuchten, hatten oft einen Schein außen herum (besonders dunkelblaue Blüten, wie ein schwarzes Leuchten am Rand). Das war belebend, ermunternd, hat mich begeistert, mir Kraft gegeben, mich aufgeweckt.

Tina

Ich habe festgestellt, dass sich mein räumliches Sehen durch intensives Farbensehen verändert hat. Ich konnte die Stadt, in der ich lebe, neu entdecken, durch eine sensible Farbwahrnehmung und die Wahrnehmung des Raums. Hier und dort sind mir Häuser aufgefallen, die ich bislang nicht gesehen habe. Mit Freuden entdecke ich meine Umwelt neu. Manchmal verändere ich sogar an einem Tag meine Kleidung bzw. die Farben, die ich trage. Ich übe gern mit den Farbtafeln, weil ich mich danach frischer und klarer, manchmal konzentrierter und kraftvoller fühle.

Christiane

Die Art und Weise, mit den Farbtafeln zu üben, übertrug ich auf farbige Formen, Pflanzen in der Natur. Konkret heißt das, dass ich mir beim Betrachten eines Baums oder einer Blume das Einfließen der Farbe in mich und das Wiederloslassen und Zurückströmen der Farbe zur Blume hin mit meinem Atemrhythmus vorstellte und dann mit geschlossenen Augen die Farbe, die Blume auftauchen ließ, wie sie von selbst erschien. Diese aktive, bewusste Hinwendung zum Kontakt mit den lebendigen Farben in meiner Umwelt hat mein Leben teilweise farbenfroher, freudvoller gemacht.

Ein Zitat aus einem Brief, den ich zu den Farbtafeln erhielt, möchte ich an den Schluss dieses Kapitels stellen. Es stammt von einer Kollegin aus Brüssel, die mit 80 Jahren die wohl älteste noch praktizierende Sehlehrerin in Europa ist:
»Jeder Tag hat sein Maß an Schönem, nur muss man es sehen und schätzen wie ein Geschenk, eine Gnade. Sei es ein Sonnenstrahl, eine helfende Geste, ein Kinderjauchzen oder ein Lächeln.«
(Algaë Mathot)

Literaturverzeichnis

Zu Grundlagen des menschlichen Sehens

Bates, William H.: Rechtes Sehen ohne Brille. Rohm-Verlag 1990

Böhle, F./Weishaupt, S./Hätscher-Rosenbauer, W./ Fritscher, B.: Tätigkeitsbezogene Sehschulung. Institut für sozialwissenschaftliche Forschung. München 1998

Handler, Josef: Das Buch der Gesundheit. Band 8: Die Sinnesorgane. Monte Carlo 1968

Hubel, David H.: Auge und Gehirn. Heidelberg 1990

Huxley, Aldous: Die Kunst des Sehens. München 1982

Livingstone, Margaret S.: Kunst, Schein und Wahrnehmung. Spektrum der Wissenschaft, März 1988

Schober, H.: Das Sehen. 1. und 2. Band. Leipzig 1954

Stryer, Lubert: Die Sehkaskade. Spektrum der Wissenschaft, September 1987

Zu Grundlagen des Schauens

Keyserling, Arnold: Durch Sinnlichkeit zum Sinn. Südgellersen 1986

Kükelhaus, Hugo: Organ und Bewusstsein. Köln 1983

Lindberg, David C.: Auge und Licht im Mittelalter. Frankfurt 1987

Pawlik, Johannes: Goethes Farbenlehre. Köln 1978

Pennington, George: Vom Schielen und Schauen. Heidelberg 1995

Schipperges, Heinrich: Welt des Auges. Freiburg 1978

Steiner, R.: Goethes Weltanschauung. Dornach 1985

Zu Farbtherapie

Dinshah, Darius: Es werde Licht. Dinshah Health Society. Malaga/USA 1985

Gimbel, Theo: Form, Sound, Colour and Healing. Saffron. Walden (England) 1987

Gimbel, Theo: Healing through Colour. Saffron Walden (England) 1980

Godson, Petra: Farben und Gesundheit. edition Tramontane. Bad Münstereifel 1991

Schiegl, Heinz: Colortherapie. Heilung durch Farbenkraft. Bauer Verlag. Freiburg 1979

Sun, Dorothy und Howard: Neuer Schwung durch Farbe. Freiburg 1994

Zu Licht, Ernährung, Entschlackung

Brandmayer, Elke: Licht schenkt Leben. Ritterhude 1997

Huibers, Jaap: Kräuter für Nieren, Haut und Augen. Freiburg 1982

Kime, Dr. Zane R.: Sonnenlicht und Gesundheit. Ritterhude 1989

Libermann, Dr. Jacob: Die heilende Kraft des Lichts. Bern 1993

Rodale. J. I.: The Natural Way to better Eyesight. New Dell 1968

Tibbs, Hardwin: The Future of Light. London 1981

Augenübungsbücher und Kassetten

Goodrich, Janet: Natürlich besser sehen. Freiburg 1988

Hätscher-Rosenbauer, Wolfgang: Augenschule für gesundes Sehen. München 1996

Hätscher-Rosenbauer, Wolfgang: Die 3-D-Sehschule, Zug 1995 (erhältlich bei: IST-Versand, s. u.)

Hätscher-Rosenbauer, Wolfgang/Vendramini, Ingrid: Die Kunst zu sehen. (Tonkassette oder CD mit Beiheft. IST-Versand, s. u.)

Selby, John: Das Gesundheitsbuch für die Augen. München 1985

Scholl, L.: Das neue Augentraining. München 1994

Bezugsquellen von Vollspektrumleuchten und Rasterbrillen
Institut für Sehtraining IST
Obergasse 16
D-61118 Bad Vilbel
(Bitte Rückporto beifügen)

Auskunft über Kurse: Augenschule-Kursleiterausbildung und Adressen von KursleiterInnen in Ihrer Nähe erhalten Sie auf Anfrage bei:
Institut für Sehtraining IST
Obergasse 16
D-61118 Bad Vilbel
(Bitte Rückporto beifügen)

Glossar

Akkommodation: Nah-Fern-Einstellung des Auges, bewirkt durch Anspannung und Entspannung des ringförmigen Linsenmuskels (Ziliarmuskels), der die Linse kugelig werden lässt (beim Sehen in die Nähe) bzw. abflacht (beim Sehen in die Ferne). An der Akkommodation beteiligt ist auch die so genannte Hüll-Akkommodation, eine geringfügige Veränderung des Hornhautradius und des ganzen Auges bei der Nah-Fern-Einstellung.

Biofeedback: Aufschluss über körpereigene Vorgänge durch optische oder akustische Signale.

Biophoton: Von lebendigem Organismus erzeugtes oder ausgestrahltes Photon. (Siehe ➔ Photon)

Dioptrie: Maßeinheit zum Ausdruck der optischen Brechkraft einer Linse. Die Dioptrie berechnet sich nach dem Umkehrwert einer in Metern gemessenen Strecke: 1 Dioptrie = die Brechkraft einer Linse, die in der Luft parallele Strahlen in 1 Meter Entfernung zusammenführt (bzw. bricht); 2 Dioptrie = 0,5 Meter, 10 Dioptrie = 0,1 Meter.

Disks: Scheibenmembranen in den Zapfen und Stäbchen der Netzhaut, die den Sehfarbstoff speichern, Photonen aufnehmen und deren Signale verstärken.

Dunkelstrom: Energiefluss in der Netzhaut, der ausgelöst wird, wenn eine Sehzelle von Dunkelheit umgeben ist. Der Dunkelstrom leitet Energie und Ersatzstoffe in die Sehzelle, so dass diese von Licht wieder erregt werden kann. Er wurde 1970 von W. Haggins, R. Penn und S. Yoshikami entdeckt.

Energetisierung des Sehens: Steigerung der Sehkraft durch optimale innere und äußere Bedingungen.

Ganglienzellen: Weiterverarbeitende Zellen der Netzhaut, deren Endigungen (Axone) den Sehnerv bilden. Sie bilden die dritte Schicht in der Netzhaut, nach den Stäbchen und Zapfen (erste Schicht) und den Horizontalzellen, Amakrinzellen und Bipolarzellen (zweite Schicht).

Inaktivierungsphase: Phase nach dem Abfeuern von visueller Energie der Sehzelle, in der der Ausgangszustand wiederhergestellt wird. (Siehe ➔ Dunkelstrom)

Kinesthetischer Sinn: spezieller Muskelsinn; durch den kinesthetischen Sinn wissen wir, wie wir unseren Körper bewegen.

Lichtstrom: Photonenstrom, der eine Sehkaskade im Sehorganismus auslöst. Der Lichtstrom transformiert gespeicherten Sehfarbstoff in den Stäbchen- und Zapfenzellen der beiden Netzhäute durch verschiedene Farbstufen hindurch bis zum so genannten Sehweiß, das nahezu identisch ist mit Vitamin A. Gleichzeitig wird wie in einem Reaktor visuelle Energie erzeugt, verstärkt und »abgefeuert«.

Magenta: Auch Pfirsichblütenfarbe genannt. Die Farbe, die entsteht, wenn man die beiden Enden des Sonnenlichtspektrums übereinanderlegt und dadurch das Spektralband zu einem Farbenkreis verbindet. Magenta ist die Kontrastfarbe zu Grün.

Monochromatische Farbe: Farbe einer einzigen Wellenlänge bzw. eines eng begrenzten Ausschnitts aus dem Spektrum sichtbaren Lichts.

Netzhaut: (Siehe ➔ Retina)

Photon: Licht besteht aus Teilchen, die als kleine Pakete elektromagnetischer Wellen angesehen werden. Diese Partikel werden Photonen genannt. Auch die Farben werden durch Photonen dem Auge übermittelt.

Polaritätsprinzip des Sehens: Das Polaritätsprinzip des Sehens ist eine Sichtweise, die den menschlichen Sehvorgang als Bewegung von visueller Energie zwischen Gegensatzpaaren beschreibt, im Unterschied zur Sende- und Empfangstheorie im Mittelalter und zur dualistischen Sehtheorie, die den Sehvorgang optisch-physikalisch bis zur Netzhautgrenze betrachtet und das innere visuelle Geschehen davon abgetrennt sieht (wenn überhaupt). Innenwelt (Psyche, Geist) und Außenwelt bilden Gegenpole; Licht- und Dunkelwahrnehmung; Sehen und Nichtsehen; Farb- und Kontrastfarbwahrnehmung; Verweil- und Sprungphase des Blicks beim Abtasten des Gesehenen; zentrales und peripheres Sehen; Vordergrund und Hintergrund; Nähe und Distanz; Gesamtbild und Detail; inneres und äußeres Sehen; flächiger und räumlicher Seheindruck; auswählend-trennendes (rationales) und verbindend-einfühlendes (intuitives) Sehen. Der Begriff wurde von Wolfgang Hätscher-Rosenbauer geprägt, der diese Sichtweise erstmals in einem Vortrag auf der 4. Internationalen Konferenz für Ganzheitliches Sehen 1989 in Köln vorstellte.

Polychromatische Farbe: Farbe, die aus Pigmenten oder Wellen eines breiten Spektralbands besteht. Man kann eine polychromatische Farbe heller oder dunkler sehen oder leicht nuanciert. Der Farbeindruck einer polychromatischen Farbe kann vom Auge verarbeitet werden.

Retina: Auch Netzhaut genannt. Die Retina kleidet den größten Teil des Augapfels innen aus. Sie ist ein Teil des Gehirns, der die Sehzellen (Zapfen und Stäbchen) sowie weiterverarbeitende Zellen (Horizontalzellen, Amakrinzellen, Bipolarzellen und Ganglienzellen) enthält. Sie erzeugt die Sehkraft und bildet die erste Verarbeitungsstufe der visuellen Information.

Saccaden: Französisch »Stoß« oder »Ruck«: Blitzschnelle Augenbewegungen, mit denen die Augen in eine neue Position springen. Dabei bewegen sich die Augen so schnell, dass die daraus resultierende Bewegung des Bilds über die Netzhaut gar nicht wahrgenommen wird. Beim Erkunden der visuellen Umgebung springen die Augen in rascher Folge von einem Punkt zum nächsten. Ist das Sehen wach und lebendig, sind daran etwa 80 Bewegungen der äußeren Augenmuskeln pro Sekunde beteiligt.

Sehkaskade: Die Sehkaskade läuft in den Sehzellen der Retina ab. Sie beschreibt den exakten Vorgang, der zwischen der Aufnahme eines Photons und dem

»Abfeuern« von visueller Energie in einer Sehzelle stattfindet, bei dem Sehfarbstoff in Sehweiß (Vitamin A) und Sehkraft verwandelt wird. (Siehe auch → Lichtstrom)

Sehorganismus: Der Teil des Gesamtorganismus, in dem Sehkraft fließt: Augäpfel, Sehnerven, visuelle Gehirnregionen.

Sehpurpur: Der Sehfarbstoff der Stäbchen; Voraussetzung für seine Bildung ist ausreichend Vitamin A.

Synapse, synaptische Endigung: Das in ihrem Aussehen an eine Wurzel erinnernde Ende einer Zapfen- oder Stäbchensehzelle: Durch die Synapse gibt die Sehzelle ihre visuelle Energie an die weiterverarbeitenden Zellen in der Netzhaut weiter.

Über den Autor

Wolfgang Hätscher-Rosenbauer ist Diplompädagoge, Gestalt- und Farbtherapeut und leitet das Institut für Sehtraining in Bad Vilbel. Er gibt Kurse im In- und Ausland und ist wissenschaftlicher Mitarbeiter der Universität Heidelberg im Forschungsprojekt »Arbeit und Sehen«. Er entwickelte die »Augenschule« als Kursprogramm für die Gesundheitsvorsorge.

Hinweis

Da vorliegende Buch ist sorgfältig erarbeitet worden. Dennoch erfolgen alle Angaben ohne Gewähr. Weder Autor noch Verlag können für eventuelle Nachteile oder Schäden, die aus den im Buch gemachten praktischen Hinweisen resultieren, eine Haftung übernehmen.

Impressum

Redaktion und Projektleitung: Sybille Schlumpp
Redaktionsleitung und medizinische Fachberatung: Dr. med. Christiane Lentz
Umschlag: Till Eiden
Produktion: Manfred Metzger
DTP/Satz: Kathrin Herwig
Printed in Italy

Gedruckt auf chlor- und säurearmem Papier
ISBN 3-517-07795-X

Auswahltafel 1: Gefäß-Formen

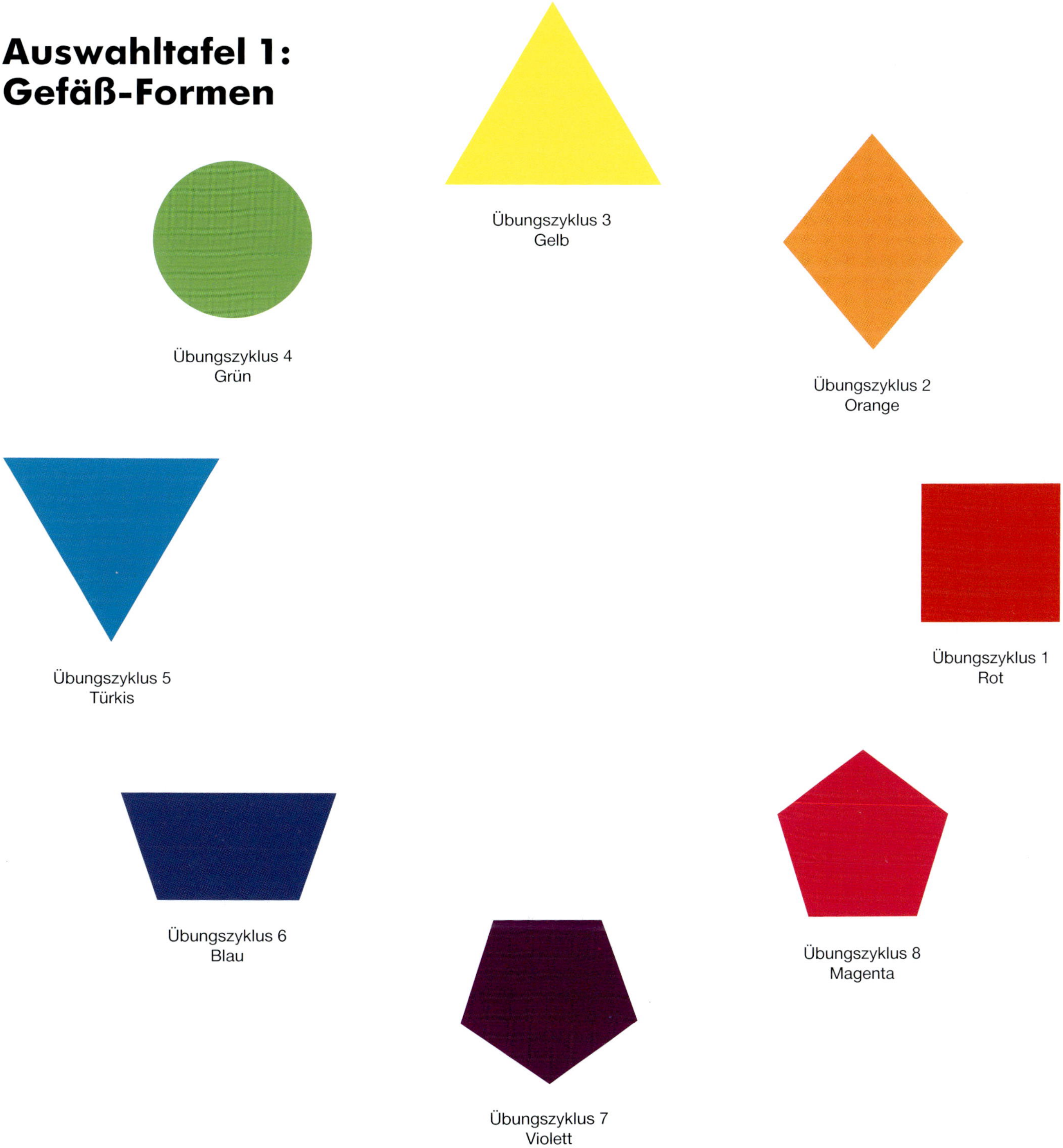

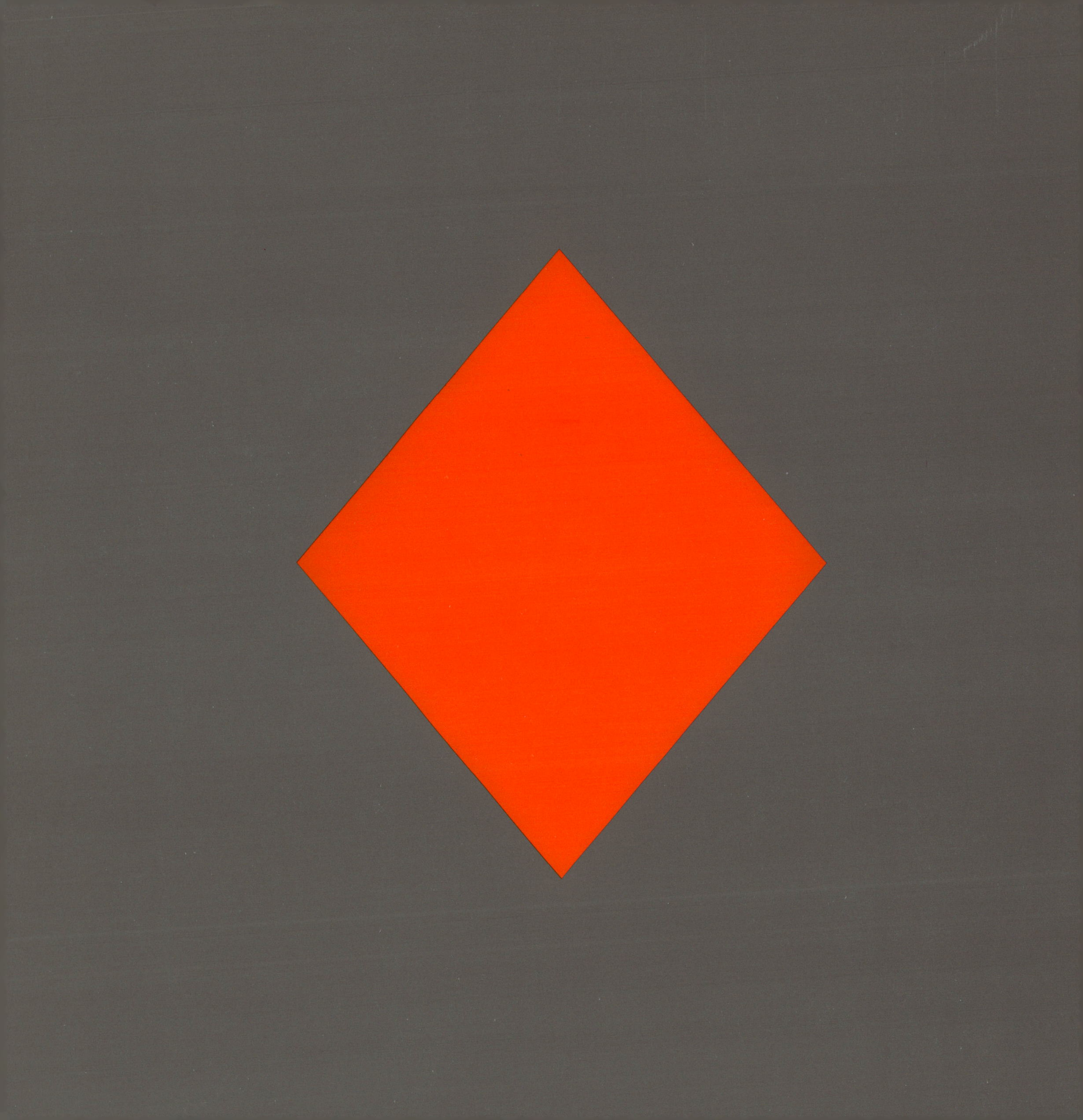

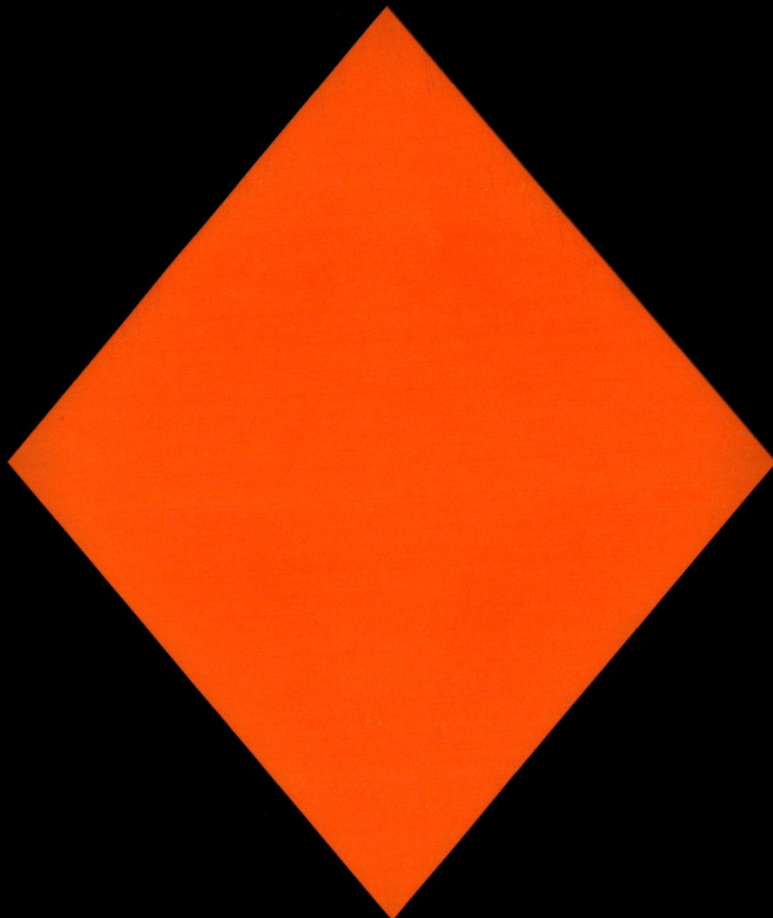